AF223469

DAS LEBEN IST HARDCORE

Grenzwertige Erlebnisse und Ansichten

Louis Leck

DAS LEBEN IST HARDCORE

Grenzwertige Erlebnisse und Ansichten

Für den Liebhaber des Schwarzen Humors

Louis Leck

IMPRESSUM:

Buchtitel:
"Das Leben ist Hardcore: Grenzwertige Erlebnisse und Ansichten"

© 2010 Ludwig Hauner

Herstellung und Verlag:
Books on Demand GmbH, Norderstedt

ISBN: 9783839146408

INHALT

TEIL 2: GEDANKEN ZUM LEBEN

Lebensweisheiten
Mütter und Väter
Der Sinn des Lebens
Das Universum
Genmanipulation
Abfallwirtschaft
Klimaschutzverordnung der EU

ANHANG:

Lösungsansatz zur Bankenkrise:
„Aufbau und Abgrenzung strategischer Toilettenzonen als Marketinginstrument in filialisierten Grossbanken"

VORWORT

Keine Story ist so gut wie das wahre Leben!

„Interessante, amüsante, schräge Geschichten und Gedanken aus und zum wahren Leben der Nachwelt erhalten", das ist das Ziel dieser Lektüre. Direkt formuliert, gewürzt mit einer gesunden Portion an Ironie, Zynismus, Sarkasmus, und einem Hauch von Fatalismus.

Die meisten Erlebnisse sind nicht bewusst gesteuert, es ist eben so passiert, und es wäre viel zu schade, sie nicht zu erzählen.
Wer war schon als Spion in der Sowjetunion, und kann den wahren Grund für den Zusammenbruch des Kommunismus liefern?
Wer hatte schon einen echten Piratenschatz in der Hand?
Wer ist schon durch Raum und Zeit gereist, in andere Dimensionen des Universums, dorthin, wo sich das Graviton versteckt?

Der zweite Teil des Buches dreht sich um Gedanken zum wahren Leben. Dort finden sich Antworten zu den Fragen, die wir uns alle schon gestellt haben: Was passiert mit unserem Müll, was ist wirklich der Sinn des Lebens, und wie funktioniert das Universum?

Obwohl ein Kapitel auch isoliert betrachtet werden kann, zieht sich ein roter Faden durch das Buch. Dieser Faden verknotet sich zu einem Gordischen Wollknäuel, das sich im Universum auflöst.

Bewusst sind die Themen nicht zeitlich chronologisch geordnet, um die chaotische Struktur meines kranken Gehirnes widerzuspiegeln. Dieses schwelgt gerne in der Vergangenheit, träumt von der Zukunft, und ist selten in der Gegenwart zu finden.
Der typisch schizophrene Zwilling will stets das Gegenteil dessen, was er grade hat. Mein grober Lebensplan sah einst ungefähr so aus:
Bis 35 austoben, dann Familie gründen. Mit 40 ein Jahr Auszeit, ein Buch schreiben, Porsche kaufen, noch ein paar Jahre arbeiten, aber bloß kein Stress mehr. Mit 80 beim Sex mit 3 Frauen plötzlich tot umfallen.
So kam es dann:
Ja, bis 25 habe ich mich ausgetobt. Es war eine tolle Studienzeit, voller Experimente …
Der schönste Tag meines Lebens war der Hochzeitstag, wir haben in Hula-Hula-Zermonie auf Maui geheiratet. Heute haben wir zwei wunderbare Kinder. Wie es die meisten Eltern bestätigen werden, findet

nun das Austoben seltener statt. Es gibt im Familienstress vielleicht mehr Liebe, aber weniger Erotik.

Den Porsche habe ich mir als Matchbox-Auto gekauft, aus finanzieller Sicht war das Studium umsonst. Das Jahr Auszeit habe ich ausfallen lassen, könnte aber sein, dass das ohnehin bald zwangsweise kommt. Immerhin habe ich das mit dem Buch hinbekommen.

Ich würde mir wünschen, dass sich am Ende der Lektüre der Zugang zu der gallertartigen Masse erschließt, die sich in meinem Kopf befindet.

Gerne möge der Leser darüber rätseln, welche Episode bis ins Detail wahr ist, wo eine Portion künstlerischer Freiheit versteckt ist, und welche Geschichte einem kranken Gehirn entsprungen ist ...

Viel Spaß!

TEIL 1

GESCHICHTEN AUS DEM WAHREN LEBEN

Das erste Mal

Schönes Wetter, viel versprechende Aussicht auf guten Wind am Walchensee. Ich packte das Surfbrett aufs Dach, und rief Brigitte an, ob sie mitkommen will. Wir hatten uns vor einigen Wochen beim Baden an unserem Baggersee kennen gelernt. Noch immer war ich völlig grün hinter den Ohren, und hatte noch keine Freundin. Die Hoffnungen stiegen, denn an diesem perfekten Surftag kamen wir uns näher, da war ein Kribbeln.

Es war ein wunderbarer Augenblick, als Brigitte am späten Nachmittag zwinkerte und meinte: „. ...auf das, was nachher noch kommt". Die Schmetterlinge in meinem Bauch spielten verrückt, endlich war es wohl soweit!

Zu Hause breiteten wir uns auf dem ausgebauten Dachboden eine Spielwiese unter dem schrägen Dachfenster aus. Es war eine helle und klare Vollmondnacht, die Sterne leuchteten über uns. Wir kuschelten bestimmt eine Stunde, und zogen uns dabei ganz langsam und zärtlich Stück für Stück aus. Es war unglaublich prickelnd, mein Herz klopfte laut und hüpfte vor Freude bis zur Zimmerdecke. Als sie nur ihre Hand auf meinen nackten Bauch legte, zuckte ich zusammen, ich war völlig sensibilisiert. Es war Romantik pur, in perfekter Harmonie, wie man es sich schöner nicht erträumen kann. Eine Stunde lang wurde kein einziges Wort gesprochen. Als wir endlich ganz ausgezogen waren, sah sie mir in die Augen, und brach das Schweigen: „Ich habs gern in n' Arsch."

Spion in der Sowjetunion

Das Scheitern des Kommunismus, das Ende des Kalten Krieges, der Fall der Mauer, die Wiedervereinigung, all dies ist Geschichte und lässt sich überall nachlesen. Die Hintergründe dazu sind bisher nur einem eingeweihten Kreis bekannt. Nun ist die Zeit gekommen, dies aufzudecken!

Es begann damit, dass mein Vater in Urlaub nach Griechenland wollte, weil dort das Meer so blau ist. Meine Mutter nach Portugal, weil es dort so bunte Blumen gibt. Nach längerer Diskussion ohne Einigung klopfte mein Vater fest auf den Tisch: „Mir wurscht jetzt, von mir aus fahren wir nach Moskau". Über den Urlaub wurde in der Folgezeit nicht mehr gesprochen. Einige Wochen später legte meine Mutter etwas zum Unterschreiben vor. Zu unser aller Überraschung wurde uns paar Tage später eröffnet, das mit den Visas wäre jetzt OK, der Russland-Trip wäre jetzt gebucht ...
Wir schauten meine Mutter verdutzt an, welch Überraschung! Mein Vater widersprach nicht, und meinte: „Na gut, dann schauen wir uns den Kommunismus halt noch mal an, solang es ihn noch gibt".
Es war ganz am Anfang der Gorbatschow-Ära, 1985, rund ein Jahr vor Tschernobyl. Erst wenige Wochen vorher waren die Reisebestimmungen gelockert worden, wir waren fast die ersten, die als Alleinreisende –nicht im organisierten Touristenbus- einreisen durften.
Rund fünf Stunden lang wurde unser Wohnmobil an der Ungarisch-Russischen Grenze gefilzt. Alles wurde ausgeladen, Abdeckungen abmontiert, der Motorblock geöffnet, mit Geräten wie zur Magenspiegelung die Hohlräume durchgecheckt. Ich hatte auch ein paar Musikkassetten dabei, die cleverer Weise auch noch mit „AFN" (American Forces Network) beschriftet waren. Es wurde in alle reingehört, zum Glück hat wohl keiner wahrgenommen, wofür AFN steht.
Die Reise führte über die Ausläufer der Karpaten, Rowno, Shitomir, Kiew, Orjol, Moskau. Mit unserem grünen Bedford Blitz waren wir DIE Attraktion. Wir kamen uns vor wie Zirkusleute auf großer Tour, die überall neugierig beäugt wurden. Gleich in der ersten Stadt nach der ungarischen Grenze drehten sich Passanten wie Autofahrer derart die Hälse aus, dass zwei Moskwitsch an einer Ampel einen Auffahrunfall hatten.
Es war eine merkwürdige Welt hinter dem eisernen Vorhang, wie ein Ausflug in die Vergangenheit. Eine graue Stimmung lag über dem Land, alles wirkte derart antiquiert und marode, dass man den

Eindruck hatte, es würde so nicht mehr lange weitergehen. Die Intourist-Hotels waren überteuert und heruntergekommen. Durchgelegene und verlauste Betten, schlechtes Essen, griesgrämige Menschen, kaputte Möbel, abgebrochene Waschbecken, und meist gingen Fenster oder Zimmertüren nicht auf. Dies lag daran, dass bei Malerarbeiten so lange drübergepinselt wurde, bis ein Öffnen nur noch mit Gewalt möglich ist. Bei einem Theaterbesuch in Orjol kam es zu ständigen Stromausfällen. Wir wunderten uns, wie es die Russen in den Weltraum geschafft hatten. Und zugleich waren wir ein wenig beruhigt, denn sicher würde die Hälfte aller Atomraketen beim Start versagen.

Wenn nicht gerade im Fünf-Jahres-Plan vorgesehen war, etwas zu erneuern, ließ man es bis dahin verfallen. Was nicht geplant war zu produzieren, gab es nicht. Was bislang in Relation zur Nachfrage zu viel produziert wurde, wurde zur Erfüllung des Planes im Überfluss weiter produziert. Es gab Lebensmittel in Dosen im Überfluss, vor allem Thunfisch. Das war neben Brot und Eiern nicht nur einmal das einzige Produkt im Supermarkt.
Sehr schnell lernten wir, damit umzugehen. Bildete sich eine Schlange, stellten wir uns sofort mit an, ohne zu wissen, was es am Ende der Schlange geben würde. Das, was es eben gab, wurde dann gekauft.

Unglaublich waren die sanitären Anlagen in Kiew. Dort fand gerade ein Festival statt, so dass wir auf dem Stadtcampingplatz untergebracht wurden. Es war das einzige Mal, dass wir das WC in unserem Wohnmobil benutzten. Offenbar sah der Plan vor, in bestimmten Rhythmen zu putzen. Dieser Freitag bei Vollmond mit Rückenwind hatte noch nicht stattgefunden. Schon von weitem fiel ein penetranter Geruch auf. Als ich näher herankam, sah ich einen Mann vor der Türschwelle stehen. Er öffnete den Hosenschlitz, und ließ es ganz einfach über die Türschwelle rieseln. Als der Mann sein Geschäft beendet hatte, überlegte ich, was ich tun würde. Der Boden hinter der Türschwelle schwamm. Offenbar war dieser Mann nicht der einzige gewesen, der wie beschreiben gehandelt hatte. Der Gestank war unerträglich, ich hielt die Luft an. Da bemerkte ich eine offene Klotür. Ich schwöre, dass auch dies wahr ist: Dort befand sich ein Haufen, der bereits knapp einen Meter hoch war. Oben kletterte ein Bub an den Seitenwänden herum. Anschließend vergrößerte er von oben den Haufen. Als ich noch jemand bemerkte, der ebenso oben herumhing, ergriff ich panikartig die Flucht. Bleibt noch zu erwähnen, dass wir zwei Wochen später auf dem Rückweg wieder durch Kiew kamen. Noch immer war kein Vollmond gewesen.

13

Umweltschutz war unbekannt. Ein Luxus, den man sich nicht leisten wollte. Es gab Parkplätze in den Wäldern versteckt, mit Rampen, an denen ein Bastler sein Auto selbst reparieren konnte. Einmal sahen wir, wie dort ein Ölwechsel durchgeführt wurde. Zuerst waren wir schockiert, denn es sah so aus, als würde der LKW-Fahrer das Öl einfach ablassen. Mit einem „aha" stellten wir fest, dass sich doch ein Eimer unter der Rampe befand. Diesen vollen Eimer nahm der Fahrer abschließend mit in den Wald, und kam leer zurück.

Bis Moskau ging es mit dem Wohnmobil, zwei Tage Moskau, mit der Transsibirischen Eisenbahn bis Irkutsk, Ausflug zum Bajkalsee. Vier Tage fuhr der Zug, was für ein riesiges Land! Es ging meist durch unberührte Wälder. Dann wurden die Bäume kahler, es folgte eine Zone mit nackten und toten Nadelbäumen, anschließend war alles gelb und es roch schwefelig. Hinter dem nächsten Hügel folgte eine Fabrik, aus der es tiefgelb aus dem Kamin kam …
Während der Zugfahrt waren wir in ständiger Begleitung. Ging einer von uns auf den Gang, stand recht bald ein Mann aus dem Nachbarabteil neben uns.

Dann der Rückflug von Irkutsk zurück nach Moskau, der magische Punkt dieser Reise. Durch einen kleinen Übersetzungsfehler verwandelten wir uns in Diplomaten. Bei der Sicherheitskontrolle wurden wir gefragt, ob wir Diplomaten wären, was mein Vater in einem tiefen bayrischen „na, na" beantwortete. Offenbar muss das wie ein russisches „da, da" geklungen haben. Denn plötzlich geschah Wundersames: Türen öffneten sich automatisch, wir durften an der Schlange vorbei, unser Gepäck erhielt eine besondere Kennzeichnung. Persönlich wurden wir zum Flugzeug begleitet, das wir als erste, vom Piloten in ehrfurchtsvoller Verneigung begrüßt, betreten durften. Am Flughafen in Moskau wurden alle Passagiere gebeten, vorerst sitzen zu bleiben. Eine Begleiterin kam auf uns zu, und half uns zur Gangway. Dort fuhr gerade eine schwarze Limousine mit Beflaggung vor. Unser Gepäck wurde in großer Eile in den Kofferraum verfrachtet. Der Fahrer stand neben der Tür, und wir durften in die verlängerte ZIL-Limousine einsteigen, die anschließend mit 140 in einer Sonderspur mit uns durch Moskau brauste.

Um dieses Diplomaten-Missverständnis aufzuklären, war es nun offensichtlich zu spät. Jetzt   mussten wir es durchziehen und mitspielen. Dies gelang auch bis zur Ausreise, ohne dass jemals jemand nach einem Diplomatenpass gefragt hätte. An der Grenze schon. Als wir keine vorweisen konnten, wurden unsere Taschen mitgenommen. Mittlerweile begannen wir mit einem etwas mulmigen Bauchgefühl, in der aus der Einreise bekannten Prozedur, alles auszuladen. Die fast perfekt deutsch sprechende Miss Kommruffaufssofa kehrte mit meinem Adressbuch zurück. Darin waren Stempel mit der Pfadfinderlilie, zufällig in schön kommunistischem rot. Sie fragte, was das wäre. Meine Mutter erklärte spontan: „So etwas wie die jungen Pioniere in der DDR. Das gibt es auch bei uns." Olga nickte, und besprach sich mit ihren bewaffneten Kollegen. Eine Minute später wurde uns geholfen (!) beim Einladen, und wir wurden an der kompletten Schlange vorbeigewunken. Es war beeindruckend, welch unauffällige und professionelle Ausbildung meine Eltern zu eiskalten und raffinierten Spionen erhalten hatten!

Zurück zum Flug Irkutsk-Moskau, der weniger exklusiv gewesen war. Die Maschine hoppelte über die Startbahn in Irkutsk und wurde kaum schneller. Als wir schon fünf Minuten in der Luft waren, hatten wir kaum Höhe gewonnen, und die Maschine hing immer noch senkrecht in der Luft. Es war mucksmäuschenstill, keiner sprach ein Wort. Bei der Durchquerung der Wolkendecke breitete sich dichter Nebel in der Maschine aus. Plötzlich sackte die Maschine durch, sehr schnell wurde die Landschaft unter uns wieder sichtbar, dann die Bäume einzeln. Ah, da war ein Holzhacker, ich konnte schon das weiße im Auge sehen ... Schließlich drückte es uns fest in den Sitz, das Flugzeug sprang wieder nach oben und erreichte schließlich seine normale Flughöhe. Wenige Minuten später war kein Motorengeräusch mehr zu hören (wir saßen direkt am Flügel), die Maschine verlor wieder an Höhe .... So ging es noch zwei oder dreimal. In Novosibirsk gab es eine außerplanmäßige Zwischenlandung, mit Umsteigen in ein neues Flugzeug.

Von Moskau ging es dann mit dem Wohnmobil wieder zurück. Wir waren nie allein, für jede Nacht hatten wir fixe Übernachtungsstationen, die Straße war fest vorgeschrieben und durfte nicht verlassen werden. Mehrmals gab es unterwegs Kontrollen. Bei einer Pause am Wegesrand hätte mein Bruder beinahe einem im Gebüsch versteckten Wachposten auf die Beine gepinkelt. Einmal hatten wir eine Pause zu lange angesetzt, was zu drängenden Fragen am nächsten Checkpoint führte. Ein Auto folgte uns auf menschenleerer Strasse. Nach 50 km überholte es uns, und bog später rechts ab. Kurz darauf kam aus derselben Strasse ein rotes Auto, und folgte uns etwa 20 Minuten. Als dieses Auto sich in Luft aufgelöst hatte, bemerkten wir im Rückspiegel einen Hubschrauber. Auch dieser folgte unserer Strasse.

Nachdem wir zu sehr auf unsere Verfolger geachtet hatten, in der Nähe von Kiew, hatten wir wohl eine Abzweigung verpasst. Wir fuhren ein Stück Hin und Her, aber da war kein Straßenschild, wir hatten uns hoffnungslos verfranst. Da war ein Dorf und ein Polizist, den wir fragen konnten. Der lachte über uns, und er wollte wohl wissen, was wir denn in Russland suchten. Mein Vater machte mit seinen Fingern ein Fernglas, und meinte „Schauen, Spion". – „Ah Spion, da, da!".
Er lachte weiter, und erklärte uns den Weg. Links, rechts, rechts, links, dann wieder links, rechts, ... Nach einigen Hügeln sahen wir weit entfernt eine Staubwolke. Auf der Kuppe des nächsten Hügels konnten wir sehen, dass es Autos waren, die uns entgegen kamen. Hundert Meter weiter waren die Autos genauer zu erkennen: Ein Militärfahrzeug, zwei Mannschaftswagen, dann einige Transporter, rund 20 Panzer, dann wieder Transporter ...
Der Polizist hatte uns in grenzenloser Hilfsbereitschaft beim Wort genommen, und in ein Militärgebiet gelotst. Meine Mutter schrie in Panik auf. „Um Gottes Willen! Jetzt haben sie uns, jetzt haben sie uns!!" Wir stoppten, und fuhren an den rechten Rand. Es stand jemand im Führungsfahrzeug auf und winkte, die komplette Militärkolonne kam zum Stehen.

Ich hatte ein äußerst mulmiges Gefühl im Bauch. Das könnte in einem dunklen Keller enden. Mir zuckte durch den Kopf, wie ich an einen Stuhl gefesselt würde, und Olga von der Wolga versucht, dem vermeintlichen James Bond durch herumfuchteln mit einem Messer in meiner südlichen Region, den Auftrag zu entlocken. Ich musste auch an meinen Opa denken, der seine Russland-Expedition mit einigen Zehen bezahlt hatte, die er in Sibirien zurückließ.

Das Führungsfahrzeug fuhr auf uns zu. Dem offenen Führungsfahrzeug folgte ein zweiter Wagen, und ein Mannschaftswagen. Das Führungsfahrzeug blieb neben uns stehen. Darin saßen zwei Generäle (oder eben zwei Personen mit sehr viel Abzeichen), und zwei Soldaten mit Maschinengewehr. Die beiden kamen auf uns zu, vor und hinter unserem Wohnmobil stand bereits je ein Soldat.
Einer der Soldaten lehnte sich in das Fenster bei meinem Vater. Meine Mutter war verzweifelt, weinte und fuchtelte mit der Landkarte herum. Der Soldat ging, und kam mit einem General zurück. Mein Bruder und ich mussten uns zeigen. Der General machte beruhigende Gesten. Dann besprachen sie sich bei ihrem Wagen, und schließlich stieg der General mit einem Soldaten mit Kalaschnikow bei uns ein, und setzte sich zu mir und meinem Bruder. Das Führungsfahrzeug fuhr los, und

wir folgten unserem Wegweiser mit dem General als Begleiter in unserem Auto. Rund 40 Kilometer weiter trafen wir auf die richtige Straße. Wir stoppten, unsere Begleiter stiegen aus, der General nickte noch einmal anerkennend unseren alten Bedford Blitz an, lachte, und winkte noch einmal nett zum Abschied.

So hatten wir also den russischen Vormarsch gestoppt, was die beteiligten Generäle nur schwer erklären konnten. Unruhe und Chaos brachen aus, militärische Befehlsstrukturen verfielen, was letztlich zum völligen Zusammenbruch des Kommunismus führte …
Auftrag ausgeführt!

Vater Bond und Mutter Hari

Je mehr ich darüber nachdenke, desto klarer scheint mir, dass meine Eltern Spione sind!

Sie wurden auf Grund ihrer Verdienste, allem voran für den Zusammenbruch des Kommunismus, vorzeitig in den Ruhestand geschickt. Vermutlich versteckt sich im Schlafzimmerschrank das Bundesverdienstkreuz.
Es ist gut möglich, dass meine Mutter in Wirklichkeit gar keine Sekretärin war, sondern dass diese Abteilung bei Siemens ein geheimes Ausbildungslager des MAD ist!

Als völlig unauffällige Schläfer führten Mama und Papa zunächst ein Leben als typische Neckermann-Pauschalurlauber. Der Knoten platzte beim Sitzen in der Bauernstube, als aus dem Zimmer meines Bruders das Quieken seiner damaligen Freundin durch das Haus hallte, wie Live aus dem Schlachthof. Dies aktivierte meine Eltern, die seitdem Treckingurlaube in aller Welt durchführen.

Wo immer Papa Bond und Mutter Hari auftauchten, brachen danach Unruhen, Revolutionen, Vulkane, oder Schlimmeres aus:

Die Saat für das Ende des Kommunismus wurde geschickt gestreut. Ein erstes Pflänzchen wurde gesetzt bei einer Fahrt quer durch die DDR, als wir 1984 zum Marathon nach Berlin fuhren. 1985 wurde zuerst Ungarn infiltriert, anschließend die Sowjetunion. Ich erinnere mich, dass wir irgendwo hinter Kiew in der Ferne eine Säule Wasserdampf aufsteigen sahen, offenbar ein Kernkraftwerk. Wir scherzten, bloß schneller fahren, bevor uns das marode russische Kernkraftwerk um die Ohren fliegen würde. Wir fuhren schneller, um kaum ein Jahr später flog es in die Luft!

Auf Sizilien und Sardinien wurden Mafia und Cosa Nostra unterwandert. Kurz nach dem Verlassen Siziliens brach der Ätna aus. Als er zwischendurch zur Ruhe kam, bestiegen ihn meine Eltern einige Jahre später ein zweites Mal, was eine weitaus heftigere Eruption zur Folge hatte. Der Lavastrom folgte exakt den Fußspuren zweier Personen aus München.
Während Mama und Papa am Vesuv nur geübt hatten, waren sie am Stromboli, Mount St.Helens, und Ruapehu auf Neuseeland wesentlich erfolgreicher. Auf Island haben sie etwas übertrieben, als weite Teile der Küste vom Schmelzwasser weggespült wurden. Eine kurze

Zwischenlandung auf Hawaii reichte aus, dass der Mauna Kea seitdem nicht mehr zur Ruhe kommt. Demnächst wird der Kilimandscharo ausbrechen, Lanzarote wird explodieren, und die ohnehin labile Westflanke von La Palma abbrechen.

Das Versinken von Venedig hat sich beschleunigt, mehreren Südseeinseln um Tahiti und Fidschi steht das Wasser bis zum Hals.
Am Perito Moreno Gletscher brachen große Stücke ab, Grönland schmilzt gleich komplett ab.
Der Mont St.Michel wird demnächst wieder weiter vom Ufer entfernt sein.
In Australien brachten meine Eltern das Kunststück fertig, aus dem Auge eines Taifuns heraus die halbe Ostküste zu verwüsten.
In England und Irland brachen Scrapie und BSE aus.

Seit meine Eltern in der Sahara waren, mittlerweile mehrmals, ist diese Gegend nicht mehr sicher. In der Ost-Türkei kam es zu Unruhen, nur wenige Wochen, nachdem ein grüner Bedford Blitz sie durchquert hatte. Auf Sri Lanka flammte der Bürgerkrieg neu auf. Auch in Argentinien und Chile kam es zu Aufständen, ebenso in Nepal. Tansania und Kenia haben an Sicherheit eingebüßt. Das Fürstentum von Monaco hat einen schweren Stand. Es ist davon auszugehen, dass demnächst eine Revolution in China beginnt. Mit der Vogelgrippe fing es an.

Wenn Sie geheime Konten in der Schweiz haben, fühlen Sie sich nicht allzu sicher!
Nachdem Bond und Hari schon überall waren, ist es nicht überraschend, dass die Finanzmärkte global zusammenbrachen.

Ich glaube, meine Eltern sind keine gewöhnlichen Spione.
Ich glaube, mein Vater ist PHANTOMAS!

Tod beim Kartenspielen

Der Geldmangel der Wehrdienstleistenden zwang uns an den Teutonengrill, diesmal nach Cavallino, Camping Union Lido. Dieser ehemalige Ruheort der Auto Union ist wohl der spießigste Ort, an dem ich je gewesen bin. Mehrmals drohte man uns mit einem Rauswurf. Mittags gab es eine Lautsprecherdurchsage mit der Bitte die Mittagsruhe einzuhalten, und Mütter sollten auch dafür sorgen, dass ihre Kinder nicht schreien. Ab 22:00 Uhr war der Strand gesperrt, Robert und ich wurden verscheucht und wir mussten mit unseren Mädels im Zelt weiterstöhnen. Also hatten wir uns anzupassen, und so kam es, dass wir wie Vorlagefiguren zu „Man spricht Deutsch" auftraten.

Eines Tages saßen wir in praller Mittagshitze rund um einen Campingtisch im knietiefen Wasser. Neben uns eine Kiste Weißbier im Meer. Efasit-Hüte auf dem Kopf, Spielkarten in der Hand. Es war Ende August, entsprechend lebhafter Betrieb. Um uns herum tobten ein paar Kinder, und ein älterer Herr mit einer wesentlich jüngeren Frau. Er war etwas mollig, und hatte einen hochroten Kopf auf. Einer von uns meinte, seine jüngere Frau scheuche ihn ganz schön rum, der macht's nimmer lang. Die Karten waren eben neu verteilt. Ich saß quer zum Ufer, Paul mir gegenüber, rechts neben mir Robert mit Blick zum Ufer. Paul war erster, er meldete einen Wenz an, lachte, und knallte auch gleich den Eichelunter auf den Tisch: „Den hab ich für Euch". In diesem Augenblick sah ich auf wegen lauter Lacher, der ältere Herr stand am Ufer im harten Sand, seine Begleiterin spritzte ihn nass. Wir legten unsere Karten bei. „Und den hab ich noch". Der Mann breitete beide Arme seitlich aus, gab ein tiefes „AAH" von sich, und mit dem Grasunter fiel auch der Mann, gerade wie ein Brett nach hinten, in den harten Sand. Robert hatte es ebenfalls gesehen, das müsse aber wehgetan haben. Paul drehte sich nicht um, pfefferte die Eichelsau heraus:„Und den noch!". Die Frau ließ ein unsicheres Lachen fallen, gehörte das zum Spiel, oder hat er sich verletzt? – „So Freunde, haha, und der Eichelzehner!" Jetzt schrie die Frau auf, kniete sich auf seine Brust, und schrie hysterisch: „Nein, nein, nein!!". Sie trommelte mit den Fäusten auf seine Brust. Da konnte ich sehen, dass der Kopf leicht nach hinten geneigt war, der Mund weit auf, die Augen nach oben verdreht. Zwei direkt daneben stehende Männer kamen zu Hilfe. Paul hatte noch den Eichelkönig im Ärmel: „Und der!" Robert sprang blitzartig auf, lief durch die beiden durch, in Richtung Rezeption, wo er wohl einen Arzt vermutete. Sofort bildete sich eine kleine Traube um den reglosen Mann. Direkt hinter der Lücke, wo zuvor Robert gesessen hatte, war in nur 200 m Entfernung ein Rettungsboot zu sehen. Ich sprang auf, lief 50 Meter weiter zu einer Mole, die Mole hinaus, keine 100 m mehr vom Rettungsboot entfernt, und rief um Hilfe. Am Ufer kreischte eine Menschentraube um Hilfe. Die beiden Lebensretter im Rettungsboot schauten kurz auf, und reagierten nicht. Einer rauchte, einer träumte. Ich schrie und winkte. Wie in einem billigen Slapstick-Film stand im Boot einer auf, ... und winkte zurück. Die Masse am Ufer kreischte. Dann endlich kam Leben in die beiden Lebensretter. Sie hatten wohl kapiert, und einer versuchte den Motor zu starten. Erster Versuch, der Motor blubberte nur. Noch einmal. Und ein drittes Mal. Der Motor sprang an, und volle 5 Minuten nach dem Umfallen waren schließlich die gerade mal 200 m entfernten Lebensretter am Ufer. Der glatzköpfige Salvataggio mit Zigarette ging gemächlich auf den Mann am Boden zu, der wie gekreuzigt im Sand lang. Seine Frau kniete daneben. Der Glatzkopf warf die Zigarette weg, schüttelte den Kopf, und sagte etwas. Der andere Lebensretter kam mit einem weißen Tuch, und legte es stumm über den leblosen Körper. Die Frau schaute ungläubig, dann begann sie zu kreischen. Im weiten Rund herrschte Ratlosigkeit und bedrücktes Schweigen.

Mittlerweile war die Traube so groß geworden, dass unser Schaffkopftisch mit in die Runde integriert war. In der Mitte der vielen Menschen lag ein Toter, eine Frau schrie, wenige Meter daneben stand ein Campingtisch im Wasser, ein umzingelter Typ mit Komikerhut saß verkrampft mit drei Spielkarten da, und wagte nicht sich zu umzudrehen ...

Bundeswehr

Im Rückblick war die Zeit beim Bund recht sorgenfrei. Nachdem man am nächsten Tag nicht Karriere machen musste, begann so mancher Morgen mit Restalkohol im Blut. Alles war scheißegal, abgesehen vom frühen Aufstehen konnte man sich ungeahnte Freiheiten verschaffen.

Obwohl ich gerne bei Regen jogge, wollte ich die Zeit beim Bund nicht im Schlamm robbend verbringen, und hatte mich deshalb als Funker beworben. Es könnte ja sein, dass man dabei etwas Vertrauliches mitbekommt, und so hatte ich zu Beginn ein längeres Gespräch mit einem Herrn vom MAD, schließlich ging ich ja im Ostblock ein und aus, und hatte schon persönlich an die Kremlmauer gepinkelt!

1972 war unsere Familie als Neckermann-Urlauber in Rumänien gewesen, 1983 hatten wir einen Schulausflug nach Prag, 1984 ging es einmal quer durch die DDR zum Marathon nach Berlin, und dann auch noch der Trip nach Russland. Über die Linie meiner Oma gab es haufenweise Verwandtschaft in der DDR. Eine Großtante aus Gera war in den 50er Jahren als Spion verhaftet worden ...

Ich erzählte dem Herrn vom MAD unsere Erlebnisse, und von den unglaublichen Zuständen in der Sowjetunion (inklusive der Schilderung der Toilette in Kiew), und kam zu dem Schluss, dass es den Kommunismus nicht mehr lange geben würde. Ich bin mir ziemlich sicher, der nette Herr konnte sich angesichts meiner Weissagung einige Jahre später noch an unser Treffen erinnern! Ich bilde mir ein, ich hätte diesen Herren noch ein zweites Mal gesehen. Auf einer großen Studentendemo in Passau standen Personen mit Foto und Kamera auf einer Fußgängerbrücke, und einer kam mir irgendwie bekannt vor.

Bundeswehr bedeutet in erster Linie Wein, Weib, und Gesang. Gesang würde ich eher als Gegröle bezeichnen. Weib gibt es meist nur als zweidimensionales Foto, manchmal in bewegten Bildern bei einem gemeinsamen Videoabend auf Stube 8. Und der Wein ist meist aus Hopfen und Malz. Man lernt, dass sich ein Vollrausch binnen 40 Sekunden erreichen lässt, so lange dauert eine Ausscheider-Maß. Anschließend wird man beim Fallen von der Bank von Kameraden aufgefangen, und samt Bett auf die Toilette getragen.

Eines Tages, wir hatten gerade Pause auf der Stube, sprang die Tür auf, Alfi stürzte herein, hinter ihm Bernd, der wild mit den Händen fuchtelnd stets wiederholte „... unglaublich, das gibt's nicht, unglaublich..". Alfi machte sich groß vor Stolz, wackelte grinsend hin und her, außer „hm, hm" kein Wort. Er hatte einen neuen Playboy in der Hand, schlug die Mittelseite mit der Playmate des Monats auf, deutete auf das Delta der Venus und meinte: „Da war ich schon". Ich zuckte mit den Schultern: „Ja mei.". Bernd blubberte immer noch „unglaublich", und ich verstand es erst, als er noch einmal auf Miss Mai deutete: „Ja, aber genau hier, und genau bei DER!" Mit einem stolzen „hm, hm", zog Alfi weiter, in die nächste und übernächste Stube. Das war schon allerhand, aber an diesem Tag konnte ich es ertragen, meine Freundin hatte mich vorhin auf der Stube besucht …

Antreten am Morgen. Wie so oft war ich der letzte. Ich ging davon aus, dass meine Kameraden noch auf dem Gang standen, nicht aufgereiht, noch keine Obrigkeit vor Ort.
Als kleinen Gag packte ich eine herumliegende Banane, stürzte mit einer Kampfrolle aus der Tür, und da standen sie alle sauber aufgereiht, Uffz und Stuffz bogen eben um die Ecke. Wieder mal Spind putzen.

Nie vergessen werde ich die Funkübung in Augsburg! Christoph, Paul und ich waren wie fast jedes freie Wochenende zum Surfen am Gardasee gewesen. Am Sonntag Abend reizten wir die Ora aus solang es ging, es reichte ja, wenn wir zum Antreten am Montag früh da sind. Am Morgen hieß es in die Funktrupps steigen, Übung in Augsburg. Christoph war der Fahrer im Wagen voraus, neben ihm ein Stuffz mit einem hohen Tier als Vater. Paul fuhr den zweiten Funktrupp, ich saß neben ihm. In Adelshausen fuhren wir in strömendem Regen von der Autobahn ab, wohl um eine Pause zu machen. Christoph fuhr gut 100 m voraus. Es ging leicht bergab, gerade richtig um Schwung zu holen für den nahenden Hügel. Es kam ein Traktor entgegen. Eben wollte ein kleinerer LKW mit Brotwerbung zum Überholen ansetzen, zog aber wieder hinter den Traktor zurück. Ich hatte auf den Brotlaster geschaut, da rief Paul: „Ha, schau mal, da is einer im Graben". Geradeaus sah ich einen Schlammhaufen hochspritzen, ein großes grünes Fahrzeug mit einem Anhänger rutschte auf der Seite durch den Graben. Ich schrie: „Du Depp, das sind unsere". Und das war gar nicht gut, diese alten Funktrupps haben nicht nur keine Servolenkung, sondern vor allem keine Gurte. Kommt man von der Strasse ab, gibt es keine Chance mehr gegenzulenken, und es kann böse enden. Angesichts der Gefällestrecke vorher war der Funktrupp samt Anhänger mit Dieselaggregat und mehreren Kanistern Sprit mit hoher Geschwindigkeit auf die Seite gefallen, und rutschte fast 50 m auf dem rechten Außenspiegel dahin. Dahinter gab es keine Ausweichmöglichkeit, also beschlossen wir langsam vorbeizufahren, und vor dem Unfallwagen zu stoppen. Als wir passierten, zerstreuten sich unsere Ängste, eben kletterte Christoph senkrecht nach oben aus der Fahrertür. Ich sprang aus unserem Fahrzeug, und als ich bei den Verunglückten ankam, schaute der Kopf des Stabsunteroffiziers heraus. Auch er entkam ohne Blessuren. Da standen wir drei, der Stuffz schüttelte nur den Kopf und schlug die Hände über dem Kopf zusammen. Wir hatten alle blitzartig reagiert, und sicherten sofort die Unfallstelle ab. Der Traktor und der Brotlaster waren verschwunden, alle hatten sich in Luft aufgelöst, kein Mensch weit und breit. Der Stuffz hob beide Hände und rief „Papi" gen Himmel. Er stieg in das erstbeste vorbeifahrende Auto, irgendwo hinfahren wo es ein Telefon gibt. Dann rief er Papi an, was wir machen sollen. Dies verlief ungefähr so: „Hallo Papi, ich hab ein Problem. An einem Funktrupp ist der rechte Außenspiegel kaputt gegangen." Es war auch schwer zu glauben, dass unser Freund erschrocken über den Brotlaster nach rechts gezogen hatte, es sah verdächtig nach eingeschlafen aus. Aber so war es, und in der Nacht davor waren Paul und ich gefahren, er hatte die ganze Nacht geschlafen.

Nach einiger Zeit kam Unterstützung, und der wahre Schaden war erst jetzt zu sehen. Am Funktrupp war nicht nur der rechte Außenspiegel kaputt. Innen war das Schreibgerät gegen den Sender geknallt, der Sender keuchte seine letzten Rauchzeichen. Am LKW selbst war nur die Achse gebrochen. Das Dumme war die offene Ölwanne, das Öl sickerte in den Boden, und der Diesel aus dem Aggregat am Anhänger. Es musste recht tief der Boden abgetragen werden. Es kam zu mehreren Verhören, am Ende kamen wir recht glimpflich davon, Papi sei Dank! Vor allem Christoph hatte Glück, hatte er doch erst kurz zuvor eine Scheibe eingeschlagen, ein klarer Fall von Wehrzersetzung …

Aranciata-Orgasmus

Donnerstag Abend in der Alten Galerie, unserer Stammdisco in München. Es war das verlängerte Osterwochenende, März 1987, also noch die Zeit beim Bund. Alle Jungs waren da, meine Familie! In den Zappel-Pausen wurde über den Sinn des Lebens gewitzelt, vor allem mit Erlebnissen geprotzt. In einem kurzen, ernsten Moment ließ Alfi fallen, er wäre noch nie am Meer gewesen. Wir schauten uns alle kurz ungläubig an, ich sprang auf: „Auf geht's!" Fünf Minuten später saßen Alfi und ich in seinem roten Käfer. Paar Unterhosen eingepackt, Waschzeugbeutel, Dachträger drauf, Surfbrett, und erstmal zwei Fernfahrerkaffee in Holzkirchen an der Raststätte.

Gegen drei Uhr früh kamen wir oben am Plöckenpass an der italienischen Grenze an. Wir waren weit und breit das einzige Auto, der Schlagbaum war zu. Wir rollten darauf zu, und in diesem Moment schrie Alfi auf: „Scheiße, ich hab das Zeug im Aschenbecher!!" Zum unauffällig abdrehen war es zu spät, so näherten wir uns also der Schranke, und machten den Motor aus. Der einzige Laut war unser Herzklopfen. Eine endlose Minute lang passierte nichts. Alfi meinte, wenn die nicht grade mit einem Hund kämen, könne nichts passieren, der schwarze Afghane wäre in Kaugummipapier eingewickelt, Kaffeebrösel drum herum. Da öffnete sich das Zollhaus, und ein Grenzbeamter kam mit seinem Hund heraus. Ich hielt die Luft an, vielleicht hilft es ja. Der Hund knurrte. Der Zöllner gähnte. Er öffnete den Schlagbaum, wir fuhren langsam an. Der Hund sprang unser Auto an. Der Zöllner grinste müde ... und ließ uns passieren.

Die Bremse war hinüber, man musste stets erst pumpen, aber es gab ja noch die Handbremse. Dies erfuhr ich erst, als wir auf italienischer Seite durch die Haarnadelkurven am Plöckenpass hinabfuhren (zuvor dachte ich nur, verdammt ist der besoffen).

Okay, jedenfalls musste das Zeug vor der Rückreise weg, und es war reichlich für zwei Leute in vier Tagen. Seinen ersten Blick auf das Meer hatte Alfi in Bibione. Obwohl im Morgendunst totale Flaute herrschte, und man eher den Eindruck hatte, wir wären am Froschtümpel von Hintertupfing, starrte er gebannt nach Süden und flüsterte beeindruckt: „Das Meer." Nach einer ersten Tüte fuhren wir dort Rally Paris-Dakkar, wo in der Saison die Sonnenschirme am Teutonengrill stehen. Nach ein paar Minuten blieben wir leider stecken, und verloren wertvolle Zeit auf den Etappensieg.

An die Tage zwischendurch kann ich mich nicht mehr so genau erinnern, am letzten Tag waren wir jedenfalls in Malcesine am

Gardasee. Dort gibt es das Corsaro, eine schöne Disco unterhalb der Burg, Terrasse zum See. Am nächsten Morgen sollte es nach Hause gehen, also musste der schwarze Afghane heute Abend dran glauben. Tanzfläche und Sitzgelegenheit war ebenerdig, wir gingen in den 1.Stock, und bauten uns die Mega-Tüte auf dem Klo. Bei mir wirkte es meist sofort, bei Alfi ein wenig später. Die Tüte war noch nicht ganz weg, da hatte ich das Gefühl, der Raum würde immer enger, und der Ausgang war nicht zu finden. Die Tür war einfach weg!! Als Alfi endlich einen Ausgang fand, tat sich vor uns ein schwarzes Loch auf, ein gähnender Abgrund! All die Leute ringsum standen scheinbar nur auf einer dünnen Glasplatte, die könnte jeden Moment durchbrechen! Am Rand war eine Reling, ich sprang von der Klotür an die Reling, und hangelte mich den Gang entlang. Alfi war noch bei Sinnen, er machte nur aus Jux mit. Dann ging es senkrecht die Eiger Nordwand hinunter zur Tanzfläche! Ich seilte mich vorsichtig Fels für Fels an der rechten Seite der Wand ab, ließ die Sicherheitsstange nicht aus der Hand. Unten angekommen bemerkte ich, dass die umliegenden Personen in einem Raum-Zeit-Loch gefangen waren, alles bewegte sich in Zeitlupe, und die Lichtanlage in der Disco ging r-o-t-, g-e-l-b-, b-l-a-u. Seltsamerweise Alfi nicht, wir beide waren noch in der normalen Welt. Ich konnte wahrnehmen, dass mir eine Menschentraube schon an der Eiger Nordwand gefolgt war, und jetzt, als meine Sinne wieder klarer wurden, fühlte ich mich sehr beobachtet. Alfi wurde zunehmend träger, wir setzten uns, und er wollte einen eiskalten Orangensaft haben. Also bestellte ich uns einen Aranciata, und verdammt, da war wirklich fast nur Eis drin. Ich nahm den ersten Schluck durch den Strohhalm. Der eisige Saft floss die Speiseröhre hinunter, ich konnte spüren wie er im Magen ankam, und die Kälte in den ganzen Körper ausstrahlte. Eine wirklich sehr starke Empfindung! Bei Alfi war es noch ein klein wenig stärker. Er nahm einen Schluck, denn ließ er sich in die Couch zurückfallen, und schloß die Augen. Ich stupste ihn an: „Ist alles in Ordnung?" Er setzte den Zeigefinger auf den Mund: „Sch.., Sch., sch ", dann zuckte er ein paar Mal zusammen. „Alfi, ist alles OK ??" Sein Kopf nickte, er meinte „ja-haaah" und grinste ein wenig verkrampft. „Verdammt, ich hatte gerade einen Orgasmus".

Tyrannosaurus Rex

Freunde von Freunden kannten Bekannte von Bekannten, wo es eine geile Party gibt. Also fuhren wir irgendwo hin, es war jedenfalls keine schlechte Gegend. Ein sehr schönes Haus mit einer Außentreppe. Wir hatten schon etwas getrunken, und kaum waren wir dort, ging auch noch ein Tütchen zum Rauchen um. Einer meinte, er hätte noch etwas anderes, und so ging eine längere Pfeife um, vorne mit einer runden Plattform. Die kam als erstes zu mir, und ich habe nur zweimal daran gezogen. Als sie in der nächsten Runde wieder bei mir vorbeikam, winkte ich ab, ich spürte, das war schon genug, ab nach draußen!

Ich stand vor der Glastür auf der Außentreppe nach unten, lehnte mich mit den Unterarmen auf das Geländer. Meine Knie wurden weich, ein Muskel nach dem anderen machte schlapp, und ich sank langsam zu Boden. Das Haus gegenüber hatte ein Butzenfenster aus vielen einzelnen kleinen runden Gläsern. Man konnte im Zimmer dahinter eine Kerze oder eine Lampe brennen sehen, das Licht spiegelte sich deutlich in dem mittigen Butzenglas. Die letzten mir noch gehorchenden Muskeln waren die Augenlider, die sich trotz aller Willenskraft immer weiter schlossen. Das Licht in dem Butzenglas fing an zu vibrieren und zu hüpfen. Plötzlich machte es „wusch", und in jedem der Butzenfenster war ein Licht. All diese Lichter hüpften jetzt. Auf einmal schlossen sich die einzelnen Lichter zu einem großen gelben Lichtstrahl zusammen und ich fiel in diesen Lichtstrudel hinein. Er veränderte seine Farbe und wurde bunt, in allen Farben des Regenbogens. Ich begann zu trudeln, gewann den ständigen Kampf gegen die Schwerkraft, und drehte mich frei schwebend in den Lichtstrudel.

Das bunte Wurmloch teleportierte mich in die schottischen Highlands, wo ich nackt auf einer moosigen Wiese landete. Etwa zweihundert Meter vor mir war ein See, in der Mitte auf einer Halbinsel eine Burgruine. Um sie herum grasten Schafe. Der See war tiefschwarz, dahinter beleuchtete die Sonne im Spiel mit den Wolken saftige Bergwiesen. Der See war in ein längliches Tal eingebettet, die Berge gegenüber waren bis kurz unter die Gipfel mit Moos bewachsen, nur die Spitzen waren aus grauem Fels. Es ging ein frischer Wind, der meinen nackten Körper umspülte, dennoch war mir nicht kalt, ich fühlte mich mollig warm und beschützt. Ich spürte das Moos unter meinen Füssen, und roch die frische Luft. Rechts neben mir war ein leichter Felsvorsprung, wie eine Rampe, an dessen steiles Ende ich mich anlehnte. Ein Galopp war zu hören, der rasch näher kam. Der Boden begann zu beben. Da sah ich von rechts einen edlen Hirschen kommen, mit einem gigantischen goldenen Geweih. Er stellte sich auf die Rampe, und ich konnte zu seinen beruhigenden dunklen Augen aufschauen, sein struppiges Fell berühren, der Geruch des Wildes war in meiner Nase, die Sonne schien genau durch sein Geweih. Es war absolut real!

In diesem Augenblick wurden seine Augen rot. Panik kam in ihm auf, er bäumte sich auf, drehte sich um, und mein Beschützer ergriff die Flucht. Ein schwarzer Schatten fiel von hinten über mich. Ein Gedanke schoss mir durch den Kopf, bloß nicht umdrehen, „LAUF"!

Ich rannte über die Wiese und schlug mehrere Haken, stets konnte ich die Schatten der Krallen des auf zwei Beinen laufenden Monsters sehen. Die Wiese endete, näher am See begann es steinig zu werden, es schmerzte unter meinen Füssen. Der Schatten des Monsters fiel auf den See. Nun konnte man es vollständig erkennen, es war wie ein Tyrannosaurus, der nur wenige Meter hinter mir herlief. Jetzt biss es mich in die rechte Schulter. „Hey, hey". Jemand rüttelte an mir. Ich hörte jemand fragen: „Wie heißt der?". Ich brachte ein „ich bin da, ich bin da" heraus, dann tauchte ich wieder in die Highlands ein, das Monster war wieder da. „Hey Conny", wieder ein wacher Augenblick. Jetzt waren mehrere vertraute Stimmen zu hören, mehrere Arme zu spüren die an mir rüttelten. Endlich hatte jemand die Idee, meine Augenlider nach oben zu schieben, und ich konnte die Realität sehen. Die Highlands lösten sich langsam in Bildfetzen auf, die wahre Welt hatte mich wieder. Aber ich wagte es nicht mich umzudrehen, das Monster war noch da!! Es dauerte, mich zu beruhigen, immer wieder tauchte ich kurz ab, bis es endlich überstanden war. Meinen Freunden später geschildert, kommentierte Alfi das Monster mit „des war da Tod".

Aus dem Bauch würde ich die gesamte Zeit auf 30 Minuten schätzen, davon 5 angenehm, 25 ein Horrortrip. Dies als Warnung an alle, mal was auszuprobieren!

Für mich ging der Horrortrip noch weiter, die Idioten brachten mich nach Hause, noch immer unfähig, mich zu bewegen. Natürlich wurden meine Eltern wach, und ihnen war sehr schnell klar, was los ist.

Merkwürdig an diesem Erlebnis ist, dass es absolut real war. Und es wird noch merkwürdiger: Einige Jahre später war ich mit Karl auf Interrail-Tour. Von Griechenland reisten wir eben mal nach Schottland. In Glasgow mieteten wir ein Auto, und fuhren in die Highlands. Ich saß auf dem Beifahrersitz, und vor einer Rechtskurve über eine leichte Kuppe beschlich mich ein unsicheres Gefühl, eine drohende Gefahr. So überredete ich Karl, an den Straßenrand zu fahren, es würde etwas nicht stimmen, womöglich käme uns ein LKW entgegen und würde uns plattmachen. Als kein LKW über die Kuppe kam, fuhren wir weiter, und es lief mir eiskalt den Rücken herunter: Es öffnete sich ein weites Tal zum Loch Awe.

Etwa zweihundert Meter vor uns war ein See, in der Mitte auf einer Halbinsel die Burgruine von Kilchurn Castle. Schafe grasten auf der Halbinsel. Der See war tiefschwarz, dahinter beleuchtete die Sonne im Spiel mit den Wolken saftige Bergwiesen. Der See war in ein längliches Tal eingebettet, die Berge gegenüber waren bis kurz unter die Gipfel mit Moos bewachsen, nur die Spitzen waren aus grauem Fels. Es ging ein frischer Wind.

Das gesamte Panorama war zu 100% identisch mit meinem psychadelischen Trip, einzige Abweichung war die Himmelsrichtung, denn die Sonne stand hinter uns.

Mich fröstelte, ich rang nach Luft, verkrampft verzogen sich meine Mundwinkel, und es drückte zwei Tränen aus meinen Augen. Karl stoppte, ich sprang aus dem Auto und rannte über die Straße in eine Wiese. Mitten in der Wiese war ein kleiner Felsvorsprung. Auf der rechten Seite war ein Zuchtgehege, mit Rehen und Hirschen …

Merkwürdig, oder?

Is all we see or seem, but a dream within a dream (Edgar Allan Poe)?

Schießerei in den Dolomiten

Mit unserem grünen Bedford Blitz, einem günstig erworbenen Wohnmobil nach dem Truderinger Hagelschaden von 1984, waren wir einige Tage in den Dolomiten. Die Nacht planten wir am Bergparkplatz in Fischleinboden zu verbringen. Wir hatten erst seit wenigen Minuten das Licht aus, als mit quietschenden Reifen ein Auto die Strasse hochkam, in den Parkplatz einbog, einige Pirouetten im Kies drehte, und schließlich am anderen Ende des Parkplatzes stehen blieb. Man hörte Lachen, einige laute Rufe, Türenschlagen, dann entfernten sich die Stimmen langsam in Richtung der drei Zinnen. Es wurde wieder ruhig, nur das Bellen eines Hundes war in der Ferne zu hören. Ich war eben sanft am Entschlummern, als plötzlich ein Schuss die nächtliche Stille durchbrach, der in meinen Ohren einschlug wie ein Blitz. Gespenstisch hallte er von den Bergwänden wider. „PENG!". Noch ein Schuss, und kurz darauf folgend noch zweimal. Der Hund bellte nicht mehr. Puls 220, mein Adrenalinpegel stieg in neue Rekordhöhen. „Jetzt hams einen Mann mit seinem Hund erschossen!!", schrie meine Mutter auf.
Die Stimmen kamen wieder zurück, sie waren wieder nah bei ihrem Auto. Es klangt, als würden mehrere Männer miteinander streiten. Mein Bruder lugte vorsichtig durch einen Spalt im Vorhang. Er flüsterte: „Jetzt werfens ihn in den Kofferraum."
Ein Stöhnen war zu hören, das Opfer war wohl ziemlich schwer, schließlich klackte der Kofferraum zu. Schritte. Ein Mann rannte über den Kies auf unser Wohnmobil zu. Mein Bruder stürzte unter die Bettdecke. Mein Vater stürzte sich auf den Werkzeugkasten, und warf sich mit Hammer und Stichel bewaffnet auf den Boden. Schwerer Atem war von außen zu hören, eine Taschenlampe blitzte durch das Fenster. Der Mann schlich um unser Wohmobil herum, und leuchtete von allen Seiten herein. Jetzt versuchte er, die Türen zu öffnen. Jetzt wackelte er, und klopfte am Auto herum. Das laut schlagende Herz meiner Mutter schien uns fast zu verraten.
Da unser Wohnmobil vermutlich leer war, rannte der Mann zurück zum Auto. Laute Rufe, die Männer sprangen in ihr Auto, rasten zu uns herüber. Mir schoss ein Bild durch den Kopf, wie ein Killerkommando herausspringt, und mit endlosen Maschinengewehrsalven unseren Bedford durchlöchert. Oder wie die Tür aufgebrochen wird, wir einer nach dem anderen aufgeschlitzt werden, um anschließend zerstückelt in einem Sumpf langsam vor uns hinzuverwesen.
Doch das Auto fuhr weiter, drehte noch zwei Ehrenrunden am Parkplatz, und mit laut aufheulendem Motor rasten die Killer davon.

Plötzlich herrschte absolute Stille. Das Motorengeräusch war verdächtig abrupt verstummt, als wären sie nur um die erste Kurve gefahren, um dort wartend ihren Opfern aufzulauern.

Wir warteten über 20 Minuten, in Todesangst. Außer dem leisen Rauschen eines entfernten Baches war kein Laut mehr zu hören, außer dem fahlen Schein des Mondes kein Licht zu sehen. Schließlich setzte sich mein Vater, leise und vorsichtig, noch immer mit Hammer und Stichel bewaffnet, auf den Fahrersitz. Zügig verließen wir den Parkplatz, doch wir kamen nicht weit ...

Ein Auto stand quer auf der Straße. Wir hielten die Luft an, die letzte Farbe wich aus unserem Gesicht. Es war unmöglich, rückwärts über die steile Strasse zurückzufahren, wir waren in der Falle. Ein greller Scheinwerfer blendete uns an, außer gleißendem Licht war nichts mehr zu erkennen. Doch, zwei Männer mit Schusswaffen im Anschlag, links und rechts neben dem Scheinwerfer. Wir stoppten, ratlos wimmernd ergaben wir uns in unser Schicksal. Ein dritter Mann kam langsam auf uns zu. Er trug eine Kappe wie Robin Hood. Auf dem Auto waren Buchstaben zu erkennen, die beiden letzten Buchstaben lauteten: „...IA"

Nachdem die Mafia ihre Autos eher selten beschriftet, ließ sich mit etwas Optimismus das Wort „POLIZIA" entziffern.

Wir erzählten hektisch, dass dort oben geschossen wurde. Piano. Piano, alles OK. Wilderer hatten einen Hirschen erlegt.

Hot Wheels – Der Gesang der Sirenen

Autofahren, wie unerschöpflich ist dieses Thema! Es wäre kein Problem, ein ganzes Buch alleine damit zu füllen. Bislang bin ich mindestens 1 Mio Km gefahren in meinem Leben, einmal zum Mond, zwei Umkreisungen, und zurück.

Zwischen Bund und Studium erarbeitete ich mir die finanzielle Grundlage für das Studium bei einer Autovermietung. Dieser Job ließ sich auch weiterhin in den Semesterferien ausüben, und manchmal auch an den Wochenenden während des Semesters. Praktisch war das, denn gelegentlich konnte ich mit einem Transferauto von Passau nach München fahren. Rekordzeit 53 Minuten, mit einem Verbrauch von 46 Litern auf 203 Kilometern.

Eine Autovermietung ist das Auffangbecken gescheiterter Karrieren. Oder ein Interimsjob, bei dem einige jahrelang hängen bleiben.

Da gab es einen Jockey von der Rennbahn. Er hatte einen aus Einzelteilen selbst zusammen gebastelten 911er, der entsprechend rasselte. Mit Autos verdiente er sein Geld, für Autos gab er es wieder aus.

Robbs hatte Jura studiert, und war letztlich durch das Staatsexamen gefallen. Nun war er seit 10 Jahren Fahrer, und ist es womöglich noch heute.

Eine Mitarbeiterin am Schalter war in der 70er Jahren ein Starlet gewesen, befreundet mit James Hunt, einem Formel 1 Rennfahrer aus den 70ern. Was heute womöglich als Boxenluder bezeichnet wird, gehörte damals zur High Society. Aus irgendeinem Grund war sie nach dieser Zeit tief gefallen, und landete in der Frankfurter Bahnhofsgegend. Eines Abends in einer Pizzeria fiel einige Tische weiter ein Gast plötzlich vornüber in seinen Teller. Sauberer Genickschuss. Panik. Razzia. Es wäre interessant zu erfahren, ob Starlet´s Geschichte wirklich wahr ist. Will jemand in den Frankfurter Polizeiarchiven nachforschen? Jedenfalls war dieses Ereignis der Wendepunkt im Leben einer Blondine, die bei einer Autovermietung wieder festen Boden unter den Füßen fand.

Es gab noch weitere verkappte Rennfahrer, die die Familie ergänzten: Aumi, mit echtem Rennblut, war stets mit quietschenden Reifen unterwegs. Czango ebenfalls, allerdings ohne das Rennfahrerblut dazu. Da war Starrider, der außer Mercedes in kein anderes Auto stieg, der immercoole Grunzi, und wie hieß noch die rasende Bisexuelle?

An meinem ersten Arbeitstag im Januar war starker Schneefall, ich war mit fremden Autos entsprechend vorsichtig unterwegs. Als Frischling war ich der letzte, der seinen 230er Automatik am etwa 500 m entfernten Sammelparkplatz abstellen sollte. Das komplette Team wartete dort bereits auf den trödelnden Neuling, und sah mich in freiem Blickfeld auf sie zufahren. Bei Anbremsen zur Rechtskurve verlor ich auf schneeglatter Fahrbahn die Kontrolle über meinen Stern. Der Mercedes übersteuerte, die Automatik schob zusätzlich an. Ich ruderte wie Captain Ahab am Steuer. Zum Gegenlenken war es zu spät, also musste ich in Pendelrichtung einschlagen. Per Zufall gelang mir eine astreine 360° Pirouette. Für den Zuschauer muss es wie eine gekonnte, arschcoole Show ausgesehen haben. Innerlich mit starkem Herzklopfen, bog ich äußerlich souverän in den Parkplatz ein, wo die Meute wild applaudierte. Durch dieses Glück gehörte ich vom ersten Tag an zur Familie.

Es folgten Wochen mit intensiver Nutzung der Handbremse. Eigentlich verbot es der Ehrenkodex, überhaupt die Bremse zu benutzen. Am Autobahnende wurde aus 160 km/h mit der rechten Hand gebremst, den Daumen am Abzug.
Für einige war es anscheinend auch unüblich, die Gangschaltung zu benutzen, jedes Auto hatte Automatik. Ein VW Golf kann problemlos im 2.Gang anfahren, und dann auf der Autobahn mitschwimmen, wenn auch recht laut.
Das beliebteste Auto war der Saab 9000 Turbo mit Automatik. Wie man damit umzugehen hat, lernte ich schnell. An Saab-Tagen gab es Abends regelmäßig Halsschmerzen und Muskelkater. Man fahre etwa 100. Gehe langsam vom Gas, und lasse sich ausrollen. Bei etwa 50 brummt der Motor tief, und ist noch immer in der höchsten Übersetzung. Kickdown! Der unterste Gang springt ein, das Auto bremst abrupt ab, man wird in den Gurt gedrückt. Aber nur für einen Sekundenbruchteil, denn dann setzt wie ein Granateneinschlag der Turbo ein! Trotz ASD ist das Lenkrad kaum zu halten, und man benötigt in den nächsten 3-4 Sekunden beide Fahrstreifen, und ist auf 140. Anschließend lasse man sich auf 50 zurückfallen, und wiederholt dieses Prozedere bis zur Halsstarre.

Starrider fand heraus, dass ein 420er Mercedes einen 1B-Beschleunigungsgang hat. Beschleunigt man aus dem Stand voll, geht dann schlagartig vom Gas, und erwischt den idealen Pendelmoment um erneut Gas zu geben, dann schaukelt der Stern so weit in die Knie, dass der Auspuff am Asphalt scharrt.

Sehr beliebt war auch „Cannonball". Das geht heutzutage leider nicht mehr, es sei denn, man habe ein altes Auto mit Vergasermotor. Ist der

Motor schön heiß gefahren, abstellen, aber Zündung anlassen. Drei mal aufs Gas steigen, Motor an. Im Rückspiegel entzündet sich mit lautem Knall ein Feuerball. Auch möglich im Uzi-Stil mit mehreren Schüssen nacheinander. Besonders eindrucksvoll ist dies bei Nacht, und geradezu traumhaft bei angemessener Akustik. So dachte Grunzi im Parkhaus am Flughafen. Als er dann die Treppen hinunter ging, liefen ihm mehrere Grüne Männchen entgegen, das Parkhaus war umstellt. Als weder Täter noch Opfer einer wilden Schießerei gefunden werden konnten, löste sich das Problem in Luft auf. In den folgenden Tagen kam es zu häufigen Schusswechseln zwischen den Angestellten diverser Autovermietfirmen. Auf höflichen Wunsch der Polizei, die dies den Leitern der Mietstationen in einem netten Schreiben mitteilte, unterließen wir Fahrer dieses attraktive Spiel. Womöglich lag es aber auch nur daran, dass Einspritzmotoren überall Einzug hielten, der gute alte Vergasermotor starb langsam aus.

Gerne bleibe ich bei Grunzi, der unser aller Dasein maßgeblich bereicherte, leider nur für eine kurze Zeitspanne. In einem Fiat Ducato muss ihn das Gebläse gestört haben, vielleicht war es auch die Musik. In einem unachtsamen Moment, nicht angeschnallt, touchierte er mit 140 km/h die linke Leitplanke. Er überschlug sich zweimal, und landete rechts im Graben, unverletzt. Er versuchte, das Auto zu starten, aber nichts rührte sich. Er dachte an einen Motorschaden, und wunderte sich, dass das Auto keine Frontscheibe hatte. Außerdem klemmte die Tür. Beim Hinausklettern über die Motorhaube schnitt er sich in den Finger. Dann setzte er sich neben den kugelförmigen Fiat, dachte, die anderen würden ihn schon stehen sehen mit seinem Motorschaden, und zündete sich eine Zigarette an. Es kam Polizei und Notarzt. Völlig verdutzt blickte er den Notarzthelfer an, der ihm die Zigarette aus der Hand riss, und ihm eröffnete, er habe einen Schock. „Wieso", meinte Grunzi, „aber gut, dass Sie kommen, weil schauen´s, ich hab mir da in den Finger geschnitten."
Die beiden nächsten Wochen durfte Grunzi nicht fahren, und musste statt dessen Autos waschen und an der Station helfen.
In einem Ford Transit holte er uns vom Parkplatz ab, und dachte nicht an das große Schlagloch an der Einfahrt. In voller Fahrt bretterte er durch, der Wagen ächzte. Anschließend ließen sich die Türen nicht mehr öffnen, der Rahmen war vollends verzogen, Totalschaden, tot, oder wie ein Arzt es formulieren würde: „transit".
Nur wenige Tage später: Am Parkplatz stand ein einsamer Ford Sierra. Davor ein Autotransporter, auf den unser tragischer Held einen defekten Audi 80 per Seilwinde hochzog. Plötzlich riss das Drahtseil, Grunzi konnte eben noch in Deckung springen, bevor ihm das

pfeifende Seil den Hals durchschneiden würde. Der Audi 80 nahm rumpelnd Fahrt auf, und rollte über die Motorhaube in das Fenster des Sierra. Das knirschende Ächzen der beiden Fahrzeuge vereinte sich mit einem hellen Kreischen aus menschlicher Kehle zum Gesang der Sirenen. Seit diesem Tag, mit insgesamt vier Totalschäden binnen einer Woche, habe ich Grunzi nicht mehr gesehen.

Csango 's letzter Tag war dieser: Ein Kunde hatte einen unserer Ford Sierras versehentlich irgendwo im Parkhaus abgestellt. Nach längerer Suche fanden wir ihn, ich stieg auf den Beifahrersitz. Csango ließ den Motor aufheulen, und wollte zwischen zwei Pfosten nach vorne durchfahren. Leider war dazwischen eine Eisenkette, so tief durchhängend, dass sie vorher nicht zu sehen war. Mit weit aufgerissenen Augen konnten wir nur noch die Luft anhalten, für eine Reaktion war keine Zeit mehr. Binnen einer einzigen Sekunde scharrte die Kette über die Motorhaube, und zerplatzte mit lautem Knall samt der Windschutzscheibe. Der Fensterrahmen war eingedrückt, das ganze Auto verzogen, unser Schoss voller Scherben.
Csango hatte Stil: Ihm war klar, dass dies seine letzte Untat sein würde, und er lud mich auf windiger Abschiedsfahrt auf einen Kaffee ein.

Starrider überstand mehrere Eskapaden, teilweise richtig hirnlose. An einem eiskalten Wintermorgen wurden die Objekte unserer Begierde abgeladen, eine Transporterladung frisch gebackener Saab 9000 Turbo. Wie von der Tarantel gestochen sprang er in das erste Exemplar, und ließ im Leerlauf den Motor aufheulen. Das erste Jaulen dieses Wolfes aus Schweden endete nach nur einer Minute mit einem lauten Krachen, und der Turbolader ging in die ewigen Jagdgründe ein.
Als harmlose Aktion ist Starrider die Entdeckung des Ford Escort Spiels zugeschrieben. Die Spritzdüse des Heckwischers funktionierte von unten. Wenn man sie mit einem Schlüssel etwas frisierte, konnte man von hinten über das Dach spritzen. Sehr erfrischend an jeder Fußgängerampel! Der Monoscheibenwischer eines Mercedes erlaubt ähnliche Spielräume. Meterweit links und rechts lassen sich Passanten oder Verkehrskollegen mit offenem Fenster beglücken. Dies ging einmal per Volltreffer ins Auge. Der schnauzbärtige Caprifahrer sprang schäumend aus seinem spoilerverzierten Traumschloss, gerade rechtzeitig konnten wir Fenster und Tür verriegeln.
Soweit ich mich erinnere, hat Starrider's Abschied mit diesem Ereignis zu tun:
Wegen eines Brandes in einer Chemiefabrik wurde der Ort unserer Servicestation vollständig von der Polizei abgeriegelt. Um dennoch zur

Station zu gelangen, zeigte ich meinen Kollegen einige Feldwege, die sich nicht nur als praktisch, sondern auch als überaus attraktiv erwiesen. Auch als die Sperre längst wieder aufgehoben war, vergnügten wir uns noch in Wald und Wiese. Ich hatte an meinem Corsa nur eine Radkappe verloren, jemand anders kehrte in seinem Sierra mit Plattfuss zurück. Starrider hatte beim Abkürzen einen Markierungsstein übersehen. Als er gerade in die Servicestation einbog, platze die Ölwanne auf. Eine seltene Fahrt in einem Nicht-Mercedes, es war ein 5er BMW, war seine letzte.

Das Holländer-Spiel ist Frank zu verdanken, Student der Zahnmedizin. Schon bald gab es eine neue Verhaltensregel: „Übernimmt ein Fahrer ein Fahrzeug mit gelbem Nummernschild, ist es verboten, auf der Autobahn schneller als 80 km/h zu fahren. Ein LKW, der 80 fährt, ist mit höchstens 81 zu überholen. Verfügen Fahrer gleichzeitig über zwei holländische Fahrzeuge, ist grundsätzlich nebeneinander zu fahren. Auffälligkeiten im Rückspiegel sind mit höflichem Winken zu beantworten."

Auf einer zweispurigen Autobahn haben sogar fünf Autos nebeneinander Platz, man möchte es kaum für möglich halten. An diesem Tag der Corsaren hatte ich frei. Als meine fünf Kollegen von der Autobahn fuhren, wurden sie rechts von einem alten BMW überholt. Dieser baute sich an der Ampel quer vor dem ersten Corsa auf. Ein Mann stieg aus, und setzte sich etwas auf den Kopf. Anschließend ging er von Auto zu Auto, und klopfte mit der Kelle aufs Dach: „Aussteigen, aussteigen, aussteigen, ausstiegen, aussteigen."
Drei Monate Flughafenverbot für alle Beteiligten. Eine Phase besonders schön gewaschener und polierter Autos.

An dieser Autobahnausfahrt hätte beinahe mein letztes Stündlein geschlagen. Ich war in einem 3er BMW unterwegs, und aus irgendeinem Grund hatte ich die Ausfahrt verschlafen. Im letzten Moment fiel mir ein, dass ich hier hinausfahren muss, an einem Punkt, an dem es zu spät dafür ist. Von der linken Spur zog ich an einem LKW vorbei rechts hinaus. Es stand keine Zeit zur Verfügung, die Bremse auch nur anzutippen, und so nahm ich die Rechtskurve an der Ausfahrt in vollem Tempo. Das Heck brach aus, und ich schlitterte mit 160 km/h quer und laut durch die Kurve. Nur gut 100 m später folgte eine engere Linkskurve. Nachdem ich das Auto nur mit Mühe in der Spur halten konnte, blieb nur eine kurze Bremssekunde, und so quietschte ich auch durch die Linkskurve. Durch die Pendelbewegung musste ich zweimal gegenlenken, so dass ich erst weitere 100 m später die Kontrolle wieder hatte. Hier begann normalerweise die Warteschlange an der immer-roten Ampel. Nur diesmal, das einzige Mal in diesem ganzen Monat, war die Ampel grün. Noch immer mit 100 schoss ich in die Kreuzung ein, und versuchte, die Kurve nach Links in Richtung Flughafen zu bekommen. Als sie nicht zu kriegen war, nahm ich unfreiwillig die Straße geradeaus. Das war die Einfahrt zur Autobahn, wo ich rechts an einem bekannten LWK vorbeizog …

Ein weiterer Blackout, vermutlich in Zusammenhang mit den 300 Arbeitsstunden in diesem Mai, ereignete sich im Parkhaus, wo ich im 2.Gang durch den Kreisel pfiff und die Schranke im 2.Stock vergaß. Zum Bremsen war es zu spät, mit etwa 40 km/h räumte mein Golf das gelbe Hindernis zur Seite. Diese Schranke war zum Glück nur aus Kunststoff, innen mit Styropor gefüllt. Es blieben nur schwarz-gelbe Brösel übrig, kein Kratzer am Golf. In meinem grenzenlosen Optimismus vertraute ich auf meine Sonnenbrille. Wenn ich das Car-Check verschwinden lassen würde, und ich im Parkhaus-Video nicht zu erkennen wäre, passiert nichts. Zu dieser Zeit hatte ich einen rauschenden Vollbart, der leider an diesem Abend daran glauben musste.

Mein persönlicher Parkhaus-Rekord ist 120 km/h, natürlich in einem Saab Turbo. Damals war ich stolz darauf, heute kann ich diese Dummheit kaum glauben. Dies ist nur zu erreichen, wenn man aus dem Kreisel über die Kuppe schanzt, mit einem Mann, der dort Schmiere steht. Der Firmenrekord stand bei unglaublichen 140 km/h. Der Rekordhalter hatte die Idee, am Ende des Parkhauses nicht nach links in die Kurve abzudrehen, sondern geradeaus in den abwärts gehenden Kreisel hineinzubremsen. Er erkaufte sich den Rekord mit einer Delle rechts vorne. Seinen Namen habe ich vergessen, es war ohnehin sein letzter Tag.

An der Ausfahrt vom Parkhaus war eine Rampe, man konnte mit gehörig Anlauf einen richtigen Sprung machen. Mit einem Corsa knallte ich oben an die Decke der Rampe. Es gab einen richtigen Knall, die Antenne flog mir um die Ohren. Ich witterte meinen letzten Arbeitstag, und bat an der Station den Porsche-Jockey um Hilfe. Zusammen mit jemandem aus unserer Werkstatt beulten wir das Dach wieder aus. Tatsächlich war dort keine Schramme, und nur mit viel Liebe fürs Detail ließen sich Ränder einer ehemaligen Delle erkennen. Inklusive Antenne kostete mich dieser Ausrutscher nur zwei Bier.

In einem Peugeot 205 hatte ich ein anderes Missgeschick, das unentdeckt blieb. Auf einer Rally durch das Flughafengelände nutzte ich eine Verkehrsberuhigung zum Abheben, bestimmt mit 60 km/h. Bei der Landung ertönte ein Geräusch, das mir bis heute in den Ohren klingt, und meine Zähne schmerzen lässt, gefolgt von einem Rumpeln. Ich war mir sicher, dass die Achse gebrochen sein würde. Etwa 50 m später blieb ich stehen, und sprang mit einem miesen Gefühl im Bauch aus dem Peugeot. Hinter der Verkehrsberuhigung lag ein Reifen. Der war vorher noch nicht hier gewesen. Ich hob ihn hoch, drehte mich zu meinem Auto um, und sah dort einige Leute stehen, neben einem großen Schild. Auf dem Schild stand in großen Buchstaben POLIZEI. Die Jungs in grün lachten, und nickten zu mir herüber. Schüchtern winkend grüßte ich höflich. Am Peugeot angekommen, fiel mir ein Haken auf, der unter dem Auto zum Boden herunterhing. Es war die Halterung des Reservereifens, der beim 205er unter dem Kofferraum angebracht ist. Diese hatte am Asphalt gescharrt, sonst war kein Schaden zu erkennen. Ich warf den Reifen in den Kofferraum, hängte den verbogenen Halter notdürftig ein, und machte mich aus dem Staub. Bestimmt sechs Wochen wartete ich ungeduldig auf einen Strafzettel oder ein Flughafenverbot, aber es kam nichts.

Ebenso ohne Folgen blieb unser Ausflug im Fiat Panda. Ich fuhr, zwei waren auf dem Beifahrersitz. Einer saß auf dem Dach, und ließ seine Füße durch das Schiebedach herunterbaumeln, wo er von uns festgehalten wurde. Vier saßen auf dem Rücksitz, einer lag quer darüber. Die rasende Claudia im Kofferraum rundete unsere Erscheinung ab. An der Ampel zur Einfahrt in den Flughafen stand immer ein Polizeiauto. In der linken Spur an der Ampel war ein Saab mit Fahrern der Vermiet-Konkurrenz. Also stellte ich mich rechts daneben, damit wir uns dahinter verstecken konnten. Die Kollegen lachten sich schief über uns, und fuhren ein paar Meter zurück. Die Polizisten bemerkten uns, und begannen ebenfalls zu lachen. Aus Dank ließ ich bei grün die Kupplung schnalzen, und so machten wir uns fröhlich pfeifend von Dannen.

Mein einziger richtiger Unfall ereignete sich an der Servicestation. Am späten Abend, direkt vor Dienstende, saß ich noch in einem 5er BMW, den unser Tankwart eben betankte. Im Radio lief „Still loving you" von den Scorpions, und mich überkam ein Ex-Freundin-Leidens-Anfall. Ich sollte noch schnell die anderen vom Sammelparkplatz abholen. In voller Lautstärke riss ich den BMW rechts herum. Jeden Tag fuhr ich 20 Mal an diesen riesigen Blumenkästen aus Beton vorbei, die die Tankstelle begrenzten. Nur in diesem Augenblick waren diese im Lilli-Wahn verschwunden, und so öffnete ich den schönen 5er vom Kotflügel bis zum Kofferraum wie eine Sardinenbüchse.

Einen anderen Unfall hatte ein Kunde aus Texas. Es war ein Texaner aus dem Bilderbuch, weit über 100 Kilo, breiter Hut, Kaugummi. Er fragte nach einem Porsche mit Automatik. Nachdem ihm erklärt wurde, dass es das nicht gibt, erhielt er einen roten 944er mit Schaltung. Dazu eine Einweisung auf dem Parkplatz, wie ein Auto mit Schaltung funktioniert. Nach etwa einer halben Stunde fühlte er sich fit, und hoppelte davon.
Weitere 20 Minuten später meldete sich die Polizei bei uns. Er war nur bis zum ersten Autobahnkreuz gekommen, keine 10 Kilometer. Dort hatte er Geschwindigkeiten und Bremswege falsch eingeschätzt, und war unter einen mit 80 km/h fahrenden Brummi gebrummt.

Was waren das herrliche Zeiten, Freiheit und Abenteuer, jeden Tag gab es Anlass zum Lachen. Manchmal auch über ahnungslose Neulinge. Am Schalter gab es eine ansehnliche Sammlung alter und verlorener Autoschlüssel, oft ohne eine Marke darauf. Ideal, um Autos zu erfinden, und ein Car-check zu basteln. Es war immer wieder schön anzusehen, wie ein Frischling verzweifelt seinen Ferrari suchte.

Nun ja, irgendwann kam es auch zu meinem Abschied. Es gab eine Phase, in der wir solange Autos sammelten, bis wir fünf gleiche hatten. Am Morgen vereinbarten wir, welche wir sammeln würden. Hatten wir fünf identische, ging es auf die Rennstrecke. Dies war die Zufahrtsstraße zu einem entstehenden Containerbahnhof, direkt auf unserem Weg. Die schnurgerade Zufahrt war etwa 800 m lang, am Ende gab es eine große, tropfenförmige Verkehrsinsel. Am anderen Ende der Geraden befand sich eine längliche Verkehrsinsel. Beide waren ideal, um mit der Handbremse herumzusliden. Wir knobelten die pole position aus, und liefen wie in Le Mans zu unseren Autos. Dann wurden fünf Runden gefahren. Dank Glück beim Knobeln konnte ich die ersten vier Rennen gewinnen. Das fünfte Rennen, in Ford Escorts, war überaus spannend. In der letzten Kurve wollte ich unbedingt noch am Führenden vorbei. Außen hatte ich es bereits zuvor versucht, ohne Erfolg. Da auf der Geraden ja die anderen entgegenkamen, musste ein Überholvorgang am Ende der Kurve abgeschlossen sein, einen Vorteil beim Herausbeschleunigen gab es also nicht. Ich bremste später, und fuhr die Kurve innen an. Mein Kontrahent hatte weit ausgeholt. Mein Plan war, am Scheitelpunkt der Kurve vorne und innen zu sein, und ihn dann abzudrängen. Leider folgte der Escort meinem Plan nicht. Fast geradeaus ging es, da das

Handbremsenseil riss. Wäre mein Kollege nicht in den Kies ausgewichen, hätte ich ihn seitlich gerammt. So wurde ich im letzten Rennen nachträglich disqualifiziert.
In diesen zwei Rennwochen hatte ich am Ende fünf Handbremsenseile dem Spaß geopfert. Das war zu auffällig, und so wurde ich öfter an der Servicestation eingesetzt. Ich gab eine Bierrunde für den offiziellen Abschied, und half nur noch gelegentlich aus.

Wenn Sie im Auto sitzend Auffälligkeiten beobachten, denken Sie bitte an diese Dinge:
1. Mit hoher Wahrscheinlichkeit ist der Raser hinter Ihnen ein Transferfahrer, der nicht nach Zeit, sondern nach Strecke bezahlt wird.
2. Wenn ein Mercedes mit Monowischer neben Ihnen an der Ampel steht, schließen Sie das Fenster.
3. Nicht jeder Holländer muss zwangsweise aus Holland kommen.

Viele Jahre später habe ich bei einem Besuch am Schalter nach dem alten Kollegen Herbert gefragt. Ich hätte meine Frage ja auch anders stellen können, etwa „ist Herbert da" oder „ist Herbert zu sprechen". Aber nein, ich musste ja so fragen: „Gibt's den Herbert noch?"
Der Mann am Schalter sah mich etwas grün an: „Nein, der ist gestern gestorben."
Gerüchteweise habe ich erfahren, dass Ihr eine neue Kleiderverordnung hattet.
„Das zieh ich nicht an, nur über meine Leiche", soll Herbert am Freitag gesagt haben.
Am Montag früh der Herzinfarkt vor dem Spiegel.

Herbert,
dieses Kapitel ist für Dich. Auf gute alte Zeiten!

Die Irrfahrten des Odysseus

Mit Alfi und Robert ergab sich ein Last-Minute-Urlaub in Griechenland. Nachdem unser Flug am frühen Morgen um 06:00 Uhr startete, verbrachten wir die Nacht davor auf einer Party, schlafen könnten wir ja im Flugzeug.

Auf Grund des Frauenüberschusses auf dieser Party kam zu später Stunde natürlich die Idee auf, wir könnten Strip-Poker spielen. Im schwer angetrunkenen Zustand sank leider meine Fähigkeit, Chancen und Risiken gebührend abzuwägen. Nur der überhastete Aufbruch zum Flughafen rettete mich letztlich davor, meine latent exhibitionistischen Neigungen in voller Ausgiebigkeit auszuüben.

Stark torkelnd betraten wir das Flugzeug, in dem Schlaf leider undenkbar war, denn mindestens 700 Kinder kreischten, sabberten und kotzten knappe 3 Stunden ohne Unterbrechung. Der Last-Minute-Flyer brachte uns auch nicht nach Athen, sondern nach Preveza im Nordwesten, also genau ans falsche Ende Griechenlands. Es folgte eine 16-stündige Hitzeschlacht in einem alten Bus quer durch Griechenland. Im Hafen von Piräus völlig erschöpft angekommen, nahmen wir den erstbesten Seelenverkäufer, der uns nach Paros bringen sollte. Sofort fielen wir auf dem mit Dieselruß verseuchten Oberdeck in Tiefschlaf. Mit kräftigem Rütteln weckten mich meine Freunde gefühlte 5 Minuten später, schnell, wir haben gerade in Paros angelegt. Während die beiden voraus eilten, packte ich meine sieben Sachen zusammen. Als ich gerade das Oberdeck verlassen wollte, sprach mich jemand an: „Mensch Conny, servus, das gibt's ja nicht!" Tatsächlich stand dort jemand, den ich aus der Zeit bei der Autovermietung kannte. Wir unterhielten uns kurz, dann eilte ich die verworrenen Treppen und Gänge zum Ausgang hinunter. Unten angekommen war die Ausstiegsluke bereits geschlossen. Der Schiffsmotor brummte laut auf. Ich geriet in Panik. In meinem Rucksack waren die Stangen für unser gemeinsames Zelt, in Alfis Rucksack die Traveller Schecks und unsere Rückflugtickets.

Ein Matrose stand gestikulierend am Ausstieg und beschwichtigte andere Passagiere, die ebenfalls die Liegezeit im Hafen falsch eingeschätzt hatten. „Paros, I have to leave here!", platzte ich heraus. Der Matrose lachte und klopfte mir auf die Schulter: „Paros, tomorrow!".

Meine Unruhe fiel plötzlich von mir ab, na ja, wir sind im Urlaub.

Wieder auf dem Oberdeck angelangt, begrüßte mich freudig überrascht mein ex-Kollege. Mir beliebte zu scherzen, und so eröffnete ich ihm, ich würde meinen Urlaub lieber mit ihm verbringen, außerdem war ich noch nie auf Samos. Und Lesbos wäre sicher auch interessant.

Nach meiner Schilderung über meinen missglückten Ausstiegsversuch begannen wir zu kichern. Wir gingen zum Heck, um Alfi und Robert aus dem ablegenden Schiff freundlich zum Abschied zu winken. Da entdeckten wir die beiden, die planlos auf der Mole auf- und abliefen. Mein Kichern verwandelte sich in ein kräftiges Lachen. Majestätisch winkten wir auf das Volk hinunter, wurden von diesem jedoch nicht wahrgenommen.

Am Ende der Mole befand sich eine Windmühle. Nach ergebnisloser Suche organisierten Alfi und Robert vorübergehend ihre Bemühungen, und gingen beide in entgegen gesetzter Richtung um das Objekt. Sie erwarteten offenbar einen kleinen Scherz von mir, und ich würde mich dahinter verstecken. Als sie hinter der Windmühle wieder aufeinander trafen, ohne eine Spur von mir, brachen sie in wilde Gesten aus. Ihre Arme schlugen unkontrolliert in alle Richtungen aus. Sie rauften sich die Haare, und liefen in Panik im Zick-Zack-Kurs auf und ab. Ich konnte mich nicht mehr halten, mein Lachen geriet völlig außer Kontrolle, meine Tränen bereicherten das Mittelmeer, mein Bauch verkrampfte sich, und ich kugelte auf dem Rücken über das schmutzige Oberdeck. Ich glaube, das war der größte Lacher meines Lebens.

Nach einer weiteren stürmischen Nacht erreichten wir Samos am anderen Ende der Ägais. Dort setzten wir uns gemütlich in das erstbeste Café im Hafen. Als ich gerade zum ersten Schluck ansetzen wollte, bemerkte ich den Matrosen aus der gestrigen Nacht. Er winkte und schrie zu uns herüber: „Paros, Paros!!". Ich lief sofort los, und mit einem gewagten Sprung mit einem 20kg Rücksack am Buckel erhaschte ich noch die sich schließende Heckklappe des ausfahrenden Schiffes. Der Matrose packte mich am Ärmel, und zog mich grinsend hoch. Mit seinem OK durfte ich meine Irrfahrt gratis fortsetzen. 30 Stunden später erreichte ich Paros nach insgesamt vier schlaflosen Nächten, seekrank.

Auf der Rückreise wollten wir uns diese Odyssee auf keinen Fall zumuten. So entschieden wir uns, von Athen nach Preveza zu fliegen. Außer uns Dreien war nur eine schweizer Familie in dem Zubringerbus, der uns zum Flugzeug brachte. Es war eine kleine Turboprop aus den 50er Jahren, das FlyToHeaven Airways offenbar als Sonderposten erstanden hatte. Sie hatte sichtbaren Rost angesetzt, einer der Propellerkästen war stark verbeult. Die etwas bleichen Schweizer beruhigte Alfi mit den Worten: „Keine Angst, das ist nur das Flugzeug, das uns zu unserem Flugzeug bringt."

Die Sitze waren zerrissen. Die Tür zum Cockpit fehlte. Wir hatten freien Blick auf die Armaturen, und auf den Piloten. Sein Fenster war geöffnet, am Fensterrahmen befand sich ein selbst gebastelter

Kaffeehalter. Oder ein Schnapshalter. Wir rollten zum Startfeld. Der Pilot gab Gas, um sofort derart in die Eisen zu steigen, dass ich mir den Kopf am Vordersitz anschlug. Mit unglaublichem Lärm zischte einen Meter über unseren Köpfen eine landende Boeing hinweg. Pilot und Copilot schrieen sich an. Der Pilot ließ die Propeller erneut aufbrummen. Quälend langsam tuckerte die alte Kiste über das Rollfeld. Der Tower lag bereits hinter uns, noch immer konnte man neben der Turboprop herlaufen. Wir blickten uns etwas nervös an. Der schweizer Familienvater meinte in tiefem Akzent: „Wir hätten vielleicht nicht alle nehmen sollen die selbe Maschine."

Das Flugzeug hob gaaanz langsam einige Meter ab, um kurz danach noch einmal heftig auf die Startbahn zu knallen. Wir hüpften einige Male, und schließlich erhoben wir uns majestätisch in die Lüfte. Wir gewannen Zentimeter um Zentimeter an Höhe, und schafften es über den Zaum am Ende des Rollfelds. Sehr knapp flogen wir über die Hochhäuser von Athen hinweg. Die Leute an den Swimmingpools auf den Dächern sprangen von ihren Liegen. Der Propeller dröhnte mit maximaler Drehzahl, mein Blutdruck stieg in ungeahnte Höhen. Dorthin gelangte wider Erwarten auch unser Abschreibungsobjekt, und die Gesichtszüge der Schweizer entspannten sich allmählich.

Plötzlich stupste mich Alfi an und deutete auf das Cockpit, wo wir die Armaturen bewundern konnten. Was wir zuvor als Öldruckanzeiger identifiziert hatten, fiel soeben von einer „1" im 90° Winkel langsam auf „0". Der Copilot rempelte den Piloten an. Der Pilot klopfte mit dem Finger auf die Anzeige, und der Zeiger sprang wieder auf „1".

Die Stewardess servierte Orangensäfte. Mit zittriger Hand verschüttete sie leider die Hälfte. Wir sehnten uns nach dem Paros Express zurück, und diskutierten mit den Schweizern über interessante und mehr oder weniger attraktive Todesarten.

So kamen wir in heiterer Stimmung in Preveza an, und hatten zu Hause reichlich zu erzählen.

Der Raub der Sabinerinnen

Italien! Welch Verheißung! Dieser Urlaub hätte auch auf der Insel Pianosa enden können, einer schicken Gefängnisinsel vor der toskanischen Küste.

Alfi's schwarzes Käfer Cabrio, Christine's Rolldach-Käfer, und Robert's R4 brachten uns an den Monte Argentario, einer Halbinsel im Süden der Toskana. Der Weg war das Ziel, und so verließen wir die Autostrada in Modena, besichtigten von einer Straßenbrücke aus die Ferrari-Rennstrecke in Maranello, um anschließend wie Michael Schumacher, mit allen 45 PS die uns zur Verfügung standen, über den Tratto Appeninico zu knattern. Nach Weinbergen änderte sich die Landschaft. Die Ferrari-, Fiat-, Weinwerbung verschwand, sie wich schrittweise zu Gunsten von Piz Buin, Rossignol und K2. Jenseits der Poebene rechnet man nicht damit, plötzlich unter einem Skilift hindurch zu fahren. Mitten im Juni lief jemand mit Skistiefeln über die Straße, verdammt guter Auftritt!
Eine herrliche Allee führte uns über Lucca nach Pisa. Normale Touristen knipsen dort typische Turm-Abstütz-Fotos. Wir vollzogen unsere Fotos von der anderen Seite, mit aller Kraft dagegen drückend …
Im Gefühl völliger Freiheit und Unbeschwertheit erreichten wir den Tombolo di Feniglia, die südliche Landzunge des Monte Argentario. Auf der rechten Seite ein kleiner Zeltplatz, zwei wunderschöne Strandhütten mit einem Hauch von Karibik-Feeling ließen uns in den Urlaub eintauchen. Weiter links verlief ein endloser Pinienwald, ein fast menschenleerer Strand lag vor uns. Mit mehreren anderen Freunden und Bekannten, die wir dort am Zeltplatz trafen, verbrachten wir herrliche Tage in kräftiger Bier- und Weinlaune. Wäre der Zeltplatz nicht gar so versifft gewesen, und wäre nicht halb Italien am Wochenende eingefallen, ich hätte dort für ewig bleiben wollen! So zogen wir an einem lebhaften Wochenende um, mein Herz blutete, noch zweimal kehrte ich dorthin zurück. Zwei Jahre später war ich mit meiner damaligen Freundin noch einmal dort gewesen. In einem Schlauchboot hatten wir vor dem Ufer treibend gekuschelt, was für das Schlauchboot das Lebensende am ersten Urlaubstag bedeutet hatte. Auch meine Frau kennt mittlerweile diesen schönen Strand.

Also landeten wir in Castiglione della Pescaia, etwas weiter nördlich, an einem fast ebenso schönen Strand. Wir hatten andere Bekannte am Monte Argentario zurückgelassen, und waren nun im engeren Freundeskreis unter uns. Der erste Abend begann damit, dass wir

Angie kennen lernten. Wir waren alle 19/20, die „Frau", die uns den Kopf verdrehte, ein paar Jahre jünger. Am späten Abend veranstalteten wir am Strand ein kleines Lagerfeuer, jemand spielte Gitarre, etwa zu Zehnt setzten wir uns um unser Feuer. Die kleine Angie überraschte durch ziemliche Kühnheit. Ich glaube, wir haben ein junges Mädel an einem einzigen Abend verdorben. Sehr zum Wohle der Menschheit! Während Bernd die nördlichen Regionen erkundete, zog es mich gen Süden. Im Gefühl von Freiheit und Abenteuer ums Lagerfeuer herrschte absolute Unbeschwertheit, die nur von Angie's Eltern gestört wurde.

Nach dem abrupten Ende dieses Abends musste ein anderweitiges Abenteuer eingeleitet werden. Schon am Nachmittag hatten uns allzu verlockend einige Fahnen an einem benachbarten Hotel angelacht. Nun, spät nach Mitternacht, im schwer angetrunkenen Zustand, wagten Bernd und ich eine kleine Klettertour. Einige Minuten später waren wir stolzer Besitzer von Flaggen unserer europäischen Nachbarländer. Wir deponierten sie in unserem Zelt, und brachen auf zu neuen Raubzügen. Gegenüber von unserem Zeltplatz befand sich ein nobler 5-Sterne-Campingplatz, bewacht von Wächter und Schäferhund. Wir kalkulierten die Tiefschlaf-Phase des Wächters ein, und erkundeten den Fluchtweg. Bernd stand Schmiere. Ich stieg auf den Gitterzaun, von dort auf den ersten, sehr hohen Fahnenmasten mit einer wunderschönen Italienflagge. Je höher ich gelangte, desto mehr begann der Mast zu schwanken. Es erklang ein metallenes Geräusch, jedes Mal wenn der Mast in rhythmischen Wellen gegen den Zaun schlug. Da die Fahne verknotet war, dauerte es viel zu lange, und plötzlich schrie Bernd auf: „Scheiße, Conny!". Und schon war er verschwunden. Mit meiner Beute unter dem T-Shirt rutschte ich auf den Gitterzaun hinab. Dort bemerkte ich den Wächter, der hysterisch schreiend und wild mit den Armen fuchtelnd zu mir hochblickte. Er muss in heller Panik gewesen sein, er vermutete wohl, ein Serienmörder wäre eben auf der Flucht, nachdem er an seinem Zeltplatz mehrere Familien aufgeschlitzt hatte. Er griff an seinen rechten Hosenbund, und zückte eine Pistole. Ein Schuss knallte durch die nächtliche Stille. Mein Herz rutschte in die Hose, mein Adrenalinpegel stieg ins Unendliche. Und fiel vor Schreck vom Zaun, und machte nach einer halbwegs geglückten Landung beschwichtigende Gesten: „piano, piano …".
Der Hund bellte im Hintergrund und tobte wild umher, befand sich aber noch in seinem Zwinger. Der Wächter öffnete die Türe zum Zeltplatz, drehte sich kurz wieder nach ihr um, um sie hinter sich wieder zu schließen. Ein perfekter Augenblick zur Flucht!

Im Zick-Zack-Kurs lief ich gebückt über die Straße, ohne mich umzudrehen, die 100 m in 9,5 Sekunden. Hinein in den vorher erkundeten Pinienwald, in dem trotz Vollmond völlige Dunkelheit herrschte. Nach nur wenigen Metern knallte ich in vollem Lauf in einen Maschendrahtzaun, der auch bei der Besichtigung vorher nicht zu sehen war. Ich federte zurück, fiel rückwärts zu Boden. Mir blieb die Luft weg, und ich verlor für einen kurzen Augenblick die Besinnung. Das Bellen des Schäferhundes, und Bernd´s fester Griff an meinem Arm rüttelten mich wieder wach. Mit hochroten Köpfen, die im Mondlicht eher kreidebleich aussahen, liefen wir auf einem Trampelpfad durch den Pinienwald. Das Hundegebell verstummte, und nach wenigen hundert Metern gelangten wir an den Strand. In einer langen Rechtskurve bogen wir ins Wasser ein, zogen dort unsere Schuhe aus, und liefen nach links im Wasser etwa einen Kilometer, um so für den Hund die Suche zu erschweren. Am Zeltplatz angelangt vollzogen wir 20 Minuten lang wilde Schleifen, um den Hund völlig zu verwirren. Noch immer mit Puls 200 schlich ich in mein Zelt, um einen Pfefferstreuer zu besorgen. Den gesamten Inhalt verschütteten wir im Wind, wenige Meter von unseren Zelten entfernt. Als nach einer Stunde noch immer keine Polizei den Zeltplatz umstellt hatte, gelang es mir, mich zu beruhigen, und fiel in tiefen Schlaf. Am Morgen wurde ich als Held geweckt, der den Schreck der Schreckschusspistole überlebt hatte. Wir teilten unser Beute auf. Die mit meinem Leben erkaufte Italienfahne spendeten wir der Alten Galerie, unserer Stammdisco in München. Sie zierte jahrelang unsere Ecke.
Ein letztes Herzklopfen bescherten mir Alfi´s Worte:" Glaubst Du, die stellen einen echten Wächter dort hin, mit einer falschen Pistole?"

Die Passion Louis

Heute kann ich über meinen damaligen Leidensweg lachen, damals war es nicht so lustig. Was sich im Nachhinein zum Teil recht cool anhört, war damals die unglücklichste Zeit in meinem Leben. Dies sind die Lehren, die ich daraus gezogen habe:

1. Eine Dreiecks-, oder phasenweise Vierecksbeziehung hinterlässt einen Schatten auf der Seele, ist also nicht unbedingt empfehlenswert.
2. Ist ein Tief sehr tief, fällt das anschließende Hoch besonders hoch aus.

Es begann damit, dass ich von Lilli nicht loskam. Wir waren 1,5 Jahre zusammen gewesen, weitere 1,5 Jahre trennten wir uns. Mit ihr funktionierte es nicht, ohne sie auch nicht. So kam es, dass sie einen neuen Freund hatte, wir uns aber noch immer regelmäßig trafen. Genau genommen wohnte ich von MO-FR bei ihr in Passau. Am FR Nachmittag musste ich buchstäblich meinen Schwanz einziehen, denn der Macker aus München kam übers Wochenende. Am Montag durfte ich wieder anrücken.
Kurz darauf hatte auch ich eine Zwischenbeziehung gefunden, ebenfalls in München. Ich erinnere mich an einen Montag, als Lilli und ich nebeneinander im Hörsaal 1 saßen. Beide waren wir soeben aus München angekommen, eigentlich gut befriedigt. Wir schaukelten uns hoch, und so verließen wir vorzeitig den Hörsaal.
So ging es ein halbes Jahr lang. Meine Zwischenbeziehung mit Sandra war mittlerweile beendet, Lilli hatte noch immer ihren Stephen. Ich hatte mich neu in Verena verliebt, und Barbara war einfach Klasse!
In der Woche vor dem großen Urlaub überschnitten sich alle drei. Von MO auf DI war ich zum Kuscheln bei Verena über Nacht, von DI auf MI bei Barbara, von MI auf DO wieder bei Verena, und am DO Nachmittag besuchte ich Lilli. Dies war ein sagenhafter Nachmittag mit wunderbarem Sex, und als ich am späten Nachmittag meine Hose einpackte, dämmerte mir, wohin ich gehörte. Leider war keine Zeit mehr für Diskussionen, denn meine Besuchszeit war abgelaufen. Als ich zur Tür hinauslief und ins Auto stieg, sah ich im Rückspiegel bereits Stephens weißen Ford, während Lilli unter der Dusche stand.

Bei mir Zuhause angekommen, wartete bereits Alfi im Hof. Dort stand ein alter VW-Bus, den die Bundeswehr ausrangiert hatte. Das Olivgrün haben Alfi und Robert in pink-flieder-Farben übermalt, die Innenausstattung zum Rockmobil im Kuschel-Look hatte ich übernommen. Wir wollten damit lange 6 Wochen quer durch Europa touren. Mir war klar, dass mir in diesen Wochen die Felle davonschwimmen würden, und so eröffnete ich Alfi, ich könne nicht mitfahren. Das ging natürlich nicht, und so stieg ich ein, und die Überlegung „was wäre gewesen wenn ich einfach zu ihr zurückgefahren wäre", stellte sich monatelang, in manchen Momenten auch nach Jahren.

So begann mein Leidensweg mit dem Umdrehen des Zündschlüssels.

Der Anlasser war kaputt, wir mussten anschieben. Dies ist nicht so einfach bei einem voll geladenen Bus, in dem zusätzlich ein vollständiger Ersatzmotor im Innenraum geparkt war, für den Fall der Fälle. Wir holten Robert bei seiner Freundin ab, und brachen auf gen Westen, quer durch die Schweiz, tief hinein nach Frankreich. Hinter Le Puy begann die wunderschöne Gegend Zentralfrankreichs, das Dordogne-Tal, dem wir bis Bordeaux folgten. Während Alfi und Robert mit ihren Frauengeschichten protzten, konnte ich schlecht von Lilli erzählen, sie würde wirklich nicht gut dastehen. In einem bierseligen Moment konnte ich es nicht mehr ertragen. Als Robert in der Nähe von Rocamadour am dritten Tag meinte, der letzte Sex sei schon wieder 3 Tage her, ließ ich vermerken, genau wie bei mir. Einen Namen ließ ich mir nicht herauskitzeln, was zu wildem Rätselraten über die nächsten Wochen führte, und sehr an meiner Glaubwürdigkeit rüttelte.

In Lacanau an der Atlantikküste lernten wir zwei Zwillinge aus der Nähe von Heidelberg kennen. Robert schlief mit einer am Strand, Alfi war am nächsten Tag wie verrückt hinter der Schwester her. Alfi, es tut mir leid, ich dachte, Du wolltest auch nur eine haben, weil Robert eine hat. Mir war nicht klar, dass es Dich wirklich erwischt hatte. Sehr spät zog ich mich zurück, und Alfi war jahrelang mit Petra zusammen. Witzigerweise eine Bekannte meines späteren WG-Mitbewohners Cem.

Per Telefon kühlte die Beziehung zu Lilli langsam ab. Einige Tage später in Arcachon erfuhr ich, sie wolle nun mit Stephen eine richtige Beziehung anfangen. Als ich meinen Platz zwischen den Zelten einnahm (Robert schlief mit Bea in unserem Zelt, Alfi mit Petra in deren Zelt), musste ich mir in meinem Frust von beiden Zeiten Gestöhne anhören. In später Nacht gewann meine Passion weiter an Fahrt. Im Halbschlaf verspürte ich heftige Bauchschmerzen und Übelkeit. In meinem schlaftrunkenen Zustand mit 2 promille ließ meine Reaktionsgeschwindigkeit zu wünschen übrig, und so ergab sich eine volle Breitseite in meinen Schlafsack.

Über eine Stunde verbrachte ich samt Schlafsack anschleißend unter der kalten Dusche. Ich hängte den Schlafsack an eine Wäscheleine, und beschloss, fliehend vor Stöhnattacken, an den Strand zu gehen. Dort wickelte ich mich zwischen den Dünen in meine Jeansjacke. Leider haben Hunde eine besonders feine Nase, und ich wurde zum größten Magneten streunender Hunde südlich des Polarkreises. Binnen Minuten war ich umzingelt von kläffenden Kötern, die mich furzend und scheißend umgaben. Nach meiner Flucht an den Zeltplatz ließ sich erneutes Stöhnen vernehmen. Der einzige Ausweg war es, in den Bus zu steigen, Musik an, und in die Nebel von Avalon einzutauchen.

Die Mädels folgten uns bis Biarritz. Dort erfuhr ich von Verena, dass sie noch nicht reif sei für eine neue Beziehung. Bei jedem Flugzeug, das über uns startete, packte mich die Sehnsucht, an den Flughafen zu fahren.

Schließlich fuhren Bea und Petra nach Hause, und wir waren wieder unter uns. In Santander waren die Nebel von Avalon zu Ende, und für mich begann der Urlaub. Es war abgemacht gewesen, dass wir egal wer wie wo eine Frau kennen lernt, weitergefahren wird. Es stimmt auch, die beiden hatten das Versprechen eingelöst, wir waren ja tatsächlich weitergefahren. Nur das Abenteuer Pampa wollte sich nicht einstellen. Denn auch weiterhin bleiben wir nur auf Zeltplätzen, denn in der Pampa könne man ja keine Mädels treffen. An einem Strand angekommen, wurde Ewigkeiten der strategisch günstigste Platz gesucht. Gefolgt von wilden Beach-Ball-Imponiergehabe. Ich hatte es satt, und wollte nur meine Ruhe haben.

In Lagos an der Algarve trafen wir zwei Holländerinnen, später zwei Irinnen, und zwei Wienerinnen, denen wir per Zufall noch 2 weitere Male begegneten. Ein wenig knutschen mit einer der Wienerinnen war mein erotischer Höhepunkt dieses Urlaubes.

In Lissabon erfuhr ich von Barbara, sie hätte im Oly jemand kennen gelernt.

Damit waren mir alle Fälle davongeschwommen, aus drei mach null.

Der Urlaub war an sich toll, nur lief er an mir völlig vorbei, da ich mich in Grübeleien eingrub.

Endlich waren wir wieder zuhause. Dort fanden sich drei Briefe auf der Treppe. Automatisch stürzte ich mich auf den Brief von Lilli, damit war der letzte Zweifel erledigt, was und wen ich wohl gewollt hätte. Es war, wie es sich per Telefon abgezeichnet hatte: In den gut 6 Wochen hatten sich alle meine Probleme mit Frauen erledigt.

In den folgenden Wochen sank meine Stimmung weiter. Ich war als Werkstudent bei Siemens, wo mich der Abteilungsleiter gründlich in den Arsch trat. Wie alle Studenten, denn diese seien Vollidioten. Meine Laune war so schlecht, dass niemand mit mir ausgehen wollte.

Als sich jemand verplapperte, beschloss ich, noch an einem anderen Punkt neu zu beginnen, nämlich mir auch einen neuen Freundeskreis zu suchen. Sie hatten vereinbart, mir nicht mitzuteilen, wenn sie ausgingen, denn ich würde im Augenblick auf die Stimmung drücken. An einem Freitag Abend erreichte ich die Talsohle meiner Via Mala. Meine Eltern stritten sich, es roch gewaltig nach Trennung. Niemand war erreichbar, mein letzter Spezl Christoph war in Urlaub. Also wollte ich gen München aufbrechen, um alleine wegzugehen. Ich setzte mich in den VW Käfer, und drehte den Zündschlüssel um, aber nichts passierte. Herzliche Grüße vom Marder. Ich schlug mit dem Kopf gegen das Lenkrad. Mitten in der Nacht machte es keinen Sinn, nach durchgebissenen Kabeln zu suchen. Also zurück ins Zimmer, und volle Musikdröhnung. Als ich an der Haustüre stand, begann mein Kopf unkontrolliert zu wackeln. Meine Hände zitterten. Es dauerte eine Ewigkeit, den Schlüssel in das Haustürschloss zu stecken. Offenbar war mein nervlicher Maximal-Belastungspunkt erreicht. In meinem Zimmer am Dachboden lachten mich sehr verlockend die quer liegenden Dachbalken an. Diese könnten problemlos mein Gewicht tragen.

Ich schaltete die Stereoanlage an, die bis heute, 20 Jahre später, mein ganzer Stolz ist. Die Musik kam nur aus einem Lautsprecher. Das war der Tropfen, der mich zum Überlaufen brachte. Ich trat wild um mich, Stühle flogen gegen die Wand. Mein Gesicht verkrampfte sich, meine Mundwinkel zuckten ohne jede Kontrolle, Tränen der Wut und Verzweiflung rannten wild hinab. Ich griff unter die Schreibtischplatte, die samt allen Utensilien darauf quer durch das Zimmer segelte. Dann stürzte ich, und hämmerte mit dem Kopf gegen den Boden.

Schließlich rollte ich erschöpft auf den Rücken, und begann wie verrückt zu kichern.

Nun liefen die Tränen aus Freude, mein Anfall hatte sich binnen Sekunden in einen Lachkrampf verwandelt. Das erste, das ich wieder bewusst wahrnahm, war die Musik, die in voller Lautstärke aus beiden Boxen ertönte. Von unten holte ich mir etwas zu trinken, meine Eltern saßen Händchen haltend im Wohnzimmer.

Die Talsohle war durchschritten, es folgte das höchste Hoch meines Lebens (damit meine ich nicht das nächste Kapitel!).

Der Schiss meines Lebens

Nein, nein, nein, dieses Kapitel erzähle ich nicht!
Also gut … dann aber kurz und heftig!

Es mag ein Sonnenstich oder ein schlechtes Souvlaki gewesen sein, was diesen Kreislaufkollaps auf Naxos ausgelöst hatte. Mit letzter Anstrengung in drei Verschnaufpausen schaffte ich es die fünf Stufen zur Toilette des Campingplatzes hoch. Ich sperrte mich ein, und riss mir die Badehose herunter. Nachdem die Toilettenschüssel den üblichen Zauber verbreitete, wollte ich mich nicht ganz hinsetzen. Genau in dem Augenblick, als sich planmäßig die hinteren Schleusen öffnen sollten, bemerkte ich, dass es auch von oben kommen würde. Um zu vermeiden, dass die Vorderladung unästhetisch auf dem Boden landet, beugte ich mich ein wenig zurück, um die Schüssel zu treffen. Dies gelang auch fast. Nur leider explodierte in diesem Augenblick auch das Heck. Ohne Höhenverlust schoss ein waagrechter Strahl mit Hochdruck an die Rückwand, die bestimmt einen Meter entfernt war. Darüber entsetzt, veränderte ich meine Position. So ging leider die zweite Portion der oralen Ladung zu weit nach vorne, an die Klotüre. Und der Nachschlag von hinten verpasste erneut das vorgegebene Ziel. In der Gesamtbetrachtung hatte ich abschließend keinen Kubikzentimeter der Toilette ausgelassen. Nur die Schüssel selbst war blitzsauber.

Als ich keine 20 Minuten später erneut den Ort des Geschehens aufsuchen musste, fiel mir eine heftig gestikulierende Meute auf, die mit Schläuchen bewaffnet mit unangenehmen Tätigkeiten beschäftigt war. Durch mein Wiedererscheinen war nun der Attentäter identifiziert … einen Ouzo für alle!

In flagranti

Das höchste Hoch meines Lebens begann mit einem romantischen Ausflug zum Schloss Neuschwanstein. Am internationalen Studentenstammtisch im Münchner Löwenbräukeller hatte ich Helen kennen gelernt. Sie war frech, lachte herzerfrischend oft und laut, unheimlich spritzig und lebendig. Attraktiv, und absolut natürlich, wenn sie sich nicht gerade als Norma Jean Baker herrichtete. Kommentar meiner lieben Freunde: „Wie kommt der zu so einer Freundin?" Mit vier Autos, meines war ein uralter 1302er Käfer (mit Fußschlaufen!), starteten wir also unseren Oktobertrip an den Alpenrand.

Es folgte eine Zeit völliger Freiheit, noch nie habe ich so intensiv gelebt, und mich so sorglos und unbeschwert gefühlt. So unbeschwert, dass ich dieses Semester mehr oder weniger ausließ, um jede Sekunde dieser Zeit in vollen Zügen zu genießen. Manchmal war ich bei meiner Engländerin in München, meist besuchte sie mich in Passau. Wir waren zusammen in Prag, wo wir im Hotel Adria am Wenzelsplatz in dieser Reihenfolge Bett, Tisch, Schrank und einen Stuhl zerlegten. Ich lernte ihr Skifahren binnen zwei Tagen, noch nie hat die Welt ein derartiges Naturtalent gesehen! An einem Wintersamstag nach schönem Morgenkuscheln brachte sie an, dass sie noch nie in Italien gewesen wäre, obwohl es doch recht nah sei. Fünf Minuten später tuckerte der Käfer-Motor, fünf Stunden später gab es Frühlingsgefühle am Gardasee.

Unsere Unbeschwertheit ging soweit, dass wir uns Spaß ohne Grenzen erlaubten, mit leichtem Hang zum Exhibitionismus. Im Alpamare in Bad Tölz kam es zu einem der schönsten und spannendsten sexuellen Erlebnisse. Es war ein Januar-Abend, bereits dunkel, starker Schneefall. Wir schwammen im beheizten Freibecken auf und ab, der Schnee rieselte auf unsere Köpfe. Wenn man die eiskalten Haare in das Wasser eintauchte, prickelte es bis in die Zehenspitzen. Das Schwimmbad war völlig überfüllt, bestimmt fünfzig Personen befanden sich in diesem Warmbecken. Wir begannen sehr vorsichtig, schwerelos im Wasser trug ich Helen auf und ab. Länger verweilten wir an der Stelle, wo Sprudel vom Boden aufstieg, dann wanderten wir zum Massagestrahl an den Seitenwänden, und wieder zurück zum Sprudel. Nachdem es offenbar niemanden störte, wagten wir mehr. Einige spekulierten wohl, was wir da anstellen würden. Getreu dem Motto „Die beste Lüge ist die Wahrheit" beschlossen wir, uns absichtlich auffällig zu verhalten, und dem Publikum eine gute Show zu bieten. Der Showdown fand schließlich laut und heftig an der

Einstiegstreppe statt. Sie keuchte „na komm doch, na schrei doch", dazu dieser herrliche Akzent …

Schon vorher war uns ein Bademeister aufgefallen, der uns vom Beckenrand aus beobachtet hatte. Nun waren es zwei, die grinsend auf uns zukamen. „Ihr geht jetzt wohl besser!", war die höfliche Aufforderung. Mit tiefer Dankbarkeit, dass sie das Ende abgewartet hatten, zogen wir von Dannen.

Ein anderer unvergesslicher Abend fand bei Kerzenschein im Restaurant Olympiaturm statt. Schon länger grinsten und kicherten wir, und schaukelten die Stimmung hoch. Damals hatte dieses Drehrestaurant über den Dächern von München lange Tischdecken, die bis zum Boden reichten. Dies war äußerst kundenfreundlich, denn niemand würde bemerken, wenn jemand unauffällig unter dem Tisch verschwand. Mit heftigem Herzklopfen gingen wir auf wechselseitige Tauchstation.

Die Krönung unserer Beziehung fand im Babalina´s statt, einer Disco am Passauer Bahnhof. Wochen später sprachen mich zwei fremde Jungs an, das wäre doch ich damals gewesen, oder?

Mit etwas Routine folgten wir unserem Motto „unauffällig auffällig". Nicht heimlich in der Ecke, sondern unbeschwert mitten im Geschehen, auf einer Bühne am Rand der Tanzfläche. Es war praktisch, dass Helen ihren neuen Stretch-Rock trug, ohne Höschen darunter. So war es sogar möglich, mit Ahnungslosen neben uns einen ganz unauffälligen Smalltalk zu führen (soweit es die Lautstärke zuließ).

Am Morgen, ich lag noch im Halbschlaf auf unserer Spielwiese am Boden, bemerkte ich, wie sie duschen ging. Als sie zurückkam, und ich diesen wunderschönen Körper betrachtete, forderte sie mich auf, die Augen zu schließen, und so auf dem Rücken liegen zu bleiben. Ein leises Knistern war zu hören, und damit war klar, dass sie eben den heißen Fummel anzog. Als ich meine Augen wieder öffnen durfte, stand sie genau über mir. Es war zu ahnen, was nun passieren würde. Sie senkte sich langsam ab, schob sich dabei das Röckerl hoch, und mit intensivem Blickkontakt gab es zu hören: „And now, I´ll fuck your face!"

Diese Stimmung, der Augenblick, ihre Lust zu spüren, alles passte einfach perfekt, es war die beste Aufweckaktion, die Mann sich vorstellen kann. Frau womöglich ebenso …

Einige Monate später musste sie auf die Insel zurück, was mich zu einem längeren Gegenbesuch veranlasste, und wieder ging ein

Semester flöten. Dann zog Helen für drei Jahre als Englischlehrerin nach Japan, was einfach zu weit weg war. Der Abschied am Flughafen war ein Abschied für immer, einer der härtesten Momente in meinem Leben, ein Abschnitt ging zu Ende, das Ende von Freiheit und Abenteuer, zurück zur Uni, zum Ernst des Lebens.

Drei Jahre später, ich war längst in einer neuen Beziehung (die am Tag meiner Landung aus Manchester begonnen hatte) häuften sich eingehende Postkarten. Der Poststempel zeigte sich kontinuierlich annähernde Orte. Tokio, Irkutsk, Moskau, Prag. Plötzlich läutete das Telefon: „Hi, ich bin's! Ich stehe am Bahnhof in Passau!"
Dies war eine brenzlige Situation, denn die WG hat nicht nur Augen und Ohren, sondern auch lose Zungen. Also musste ein Alibi beschafft werden. Die perfekte Idee war, offiziell mit Tom nach Italien zu fahren. Leider war er nicht erreichbar, und so rief ich bei seiner Freundin an, um ihr mitzuteilen, dass sie Tom informieren soll, dass ich mit ihm in Italien wäre. Nach langen Sekunden am anderen Ende der Leitung kam als Antwort: „Hä, is der gar nich bei seinen Eltern??"
Ich schlug die Hände über dem Kopf zusammen! „Nein, Du sollst nur überall verbreiten, ich wäre mit Tom in Italien. Aber er selbst muss es natürlich auch wissen. Also sag ihm bitte, dass er mit mir in Italien ist!" – „Aber wieso erzählt er mir dann so 'nen Scheiß, er wäre bei seinen Eltern??" Mir schwante, dass diese Inkognito-Aktion in die Binsen gehen würde …
Danach packten „Tom" Jean Baker und ich Zelt und Schlafsack ein, und wir stiegen ins Auto. Vor rund 10 Jahren hatte es einen Familientrip an einen netten Urlaubsort gegeben, Lignano, der nähest gelegene Ort an der Adria. Vor dem dortigen Zeltplatz legten wir uns an den Strand, versteckt am hinteren Ende, inmitten einiger Dünen. Wir ließen uns gerade in der Sonne brutzeln, als wir näher kommende Stimmen vernahmen. Es waren die Stimmen eines Mädels und eines jungen Mannes. Sie sprachen deutsch. Ich blickte auf, als der Kopf des jungen Mannes über der Düne erschien. Mir blieb die Luft weg! Es war mein Bruder, der sich gedacht hatte, wir waren doch vor 10 Jahren mal mit den Eltern …

Côte d´Azur

In mehreren Urlauben bin ich die Mittelmeerküste abgefahren, zwischen Barcelona und Rom kenne ich jede Bucht. In Frankreich gab es einige wenige prickelnde Erlebnisse.

In einem Kurzurlaub mit meinem Jugendfreund Toni waren wir an einem 1.August bereits 800 km gefahren, hatten ab Hyères jeden Strand angesteuert, und waren wegen hoffnungsloser Überfüllung stets abgewiesen worden. An einem Strand bei St.Tropez waren uns zwei Französinnen nachgelaufen, die wissen wollten, woher wir kämen. Auf unser „Allemagne" winkten sie mit einer ablässigen Handbewegung und mit einem „Allemand, pfft" ab. Dies bekundete Toni mit einem tiefen Tritt in den Sand, und einem Aufschrei „raus aus diesem Frankreich!", und so fuhren wir direkt weiter nach Elba. Die zweite Nacht ohne Schlaf.

Im nächsten Urlaub mit Paul war ich am Corniche d l´Esterel beim Klettern abgestürzt. Noch Wochen später eiterten kleine Steinchen aus meiner Stirn. Paul hatte einen uralten Fiat Ritmo. Um etwas Geld zu sparen, hatten wir 40 Liter Sprit dabei. Schließlich war damals bei uns das Benzin ein paar Pfennige billiger. Obwohl es in unserer Luxus-Limousine jeden Tag stärker nach Benzin roch, ließen wir es uns nicht nehmen, fröhlich aus dem Fenster zu rauchen. Als es bereits im Hals kratzte und in den Augen biss, fuhren wir eben mit offenem Fenster weiter. In San Remo war Platz im Tank, um den ersten 20-Liter-Kanister einzufüllen. Erst beim Herausheben hinter dem Beifahrersitz fiel uns auf, dass dieser Kanister fast durchgerostet war, die Fußmatte darunter war pitschnass. Wir blickten uns mit großen Augen an, und wurden uns erst jetzt der Gefahr bewusst, in der wir tagelang geschwebt hatten. Auf die Frage, woher ich diesen Kanister gehabt hätte, antwortete ich: „Von der Sperrmüll-Sammlung." Schließlich setzte ich zum Tanken an, was nicht allzu schwierig war, denn der 20-Liter-Kanister wog höchstens noch 10 Kilo. Plötzlich fing Paul an zu kreischen, und fiel auf den Boden. Er kringelte sich vor Lachen, brachte kein Wort mehr heraus, und deutete immer wieder auf den Kanister. Als ich ihn absetzte, wurde mir der Grund klar. Auf dem Kanister war in großer Schrift eingeprägt: „DEUTSCHE WEHRMACHT".

Alte Galerie

In der Alten Galerie habe ich die Hälfte meiner jüngeren Jahre verbracht. Die Atmosphäre dort lässt sich am Besten beschreiben mit „verrauchte Kellerbar mit Tanzfläche". Einmal in der Woche gab es Surfabend mit Film. Die Musik war der gute alte Rock der 70er und 80er. Entsprechend ausgelassen ging es dort zu, entsprechend locker war dort das Publikum.

Wir waren so oft dort, dass meine große Jugendliebe diesen Laden mittlerweile nicht mehr riechen konnte. Und im stickigen Keller roch es tatsächlich, nach Moder und Schimmel, Blut, Schweiß und Tränen, und gelegentlich leicht süßlich nach einem Schwarzen Afghanen. Das Jahr nach dem Ende dieser ersten ernsthaften Beziehung war ein äußerst lebhaftes. Die Alte Galerie hat meine heiße Engländerin gesehen, Verena, in die ich frisch verliebt gewesen war, Barbara, meine Jugendfreundin Sabine, und da war noch Karin, die für einige Wochen mein Dasein bereichert hatte.

Binnen einer Woche hatten wir uns alle in Überschneidungen im Keller getroffen. In der Mitte der Woche war ein Rollentausch-Abend organisiert, die Mädels adrett mit Schirm, Charme und Melone, die Jungs nett aufgestrapst. Am Sonntag war großes Treffen, und ich brachte eine neue Frau mit, die ich frisch aus England zurück eben erst kennen gelernt hatte. Sie saß an diesem Abend zwischen Verena und Karin, die sie intensiv bearbeiteten („das mag er, das auch ..."). Der Besitzer der Alten Galerie kam zu uns, ließ in seinen Gedanken noch einmal diese Woche Revue passieren, und meinte laut: „Du musst ja ein ziemlich interessantes Sexleben haben!"

Ein Wunder, dass mich die Neue einige Jahre später geheiratet hat ... dazu in wunderschöner Hula-Zeremonie auf Maui am Strand!

Hubschrauber-Landeplatz

Traditionsgemäß liegt es in der Natur der Dinge, dass sich Brüder häufig streiten. Dies muss nicht Ausmaße wie zwischen Kain und Abel annehmen, kann mitunter aber dramatisch ausfallen. Einmal habe ich meinem zwei Jahre jüngeren Bruder im Überschäumen nach längerem Tratzen das Schlüsselbein gebrochen. Und ich glaube, auch bei seinen beiden gebrochenen Armen hatte ich irgendwie die Finger im Spiel. Bei dem anderen gebrochenen Arm, der Platzwunde, und seiner ersten Gehirnerschütterung konnte ich fast nichts dafür.

Mein kleiner Bruder wollte unbedingt mit den Großen spielen. Das Spiel besagte, von unserer Kletterbirke am Bahndamm so schnell wie möglich herunterzuklettern. Eindeutiger Sieger wurde der Kleine, der nahezu ungebremst vom Wipfel herunterfiel, auf den Kopf. Ich erstarrte, und war zu keiner Bewegung fähig. Einer der Nachbarsbuben rannte zu meiner Mutter: „Kommen Sie schnell, der Bunki ist vom Baum gefallen! Jetzt rührt er sich nimmer, und das Blut läuft aus dem Kopf!"
Heute selbst Vater zweier Kinder, kann ich den Schock für meine Mutter nachvollziehen. Mit einem dicken Verband kehrte mein Bruder einige Tage später aus dem Krankenhaus zurück. Längs und quer über den Kopf war der Verband in X-Form befestigt, wie ein Hubschrauberlandeplatz. Mit diesem Ausdruck ließ er sich herrlich aufziehen. Dieses kleine Tratzen konnte ich auch nicht lassen, als wir mit unserem Vater einen Ausflug an den Ismaninger Eissee unternahmen. Mein Onkel hatte seinen neuen Stolz, ein Fiat 128 Sport Coupé, für eine Testfahrt zur Verfügung gestellt. Während mein Vater an der nahen Gaststätte ein Weißbier genoss, versteckten sich seine Sprösslinge im Gebüsch, um passierende ferngesteuerte Boote mit Steinchen zu bewerfen. Nach mehreren Wiederholungen des Ausdruckes „Hubschrauberlandeplatz" geriet mein Bruder zusehends in Rage. Ich stand etwa zwei Meter vor ihm, im Begriff ein neues Steinchen zu werfen, dabei etwas zurückgelehnt. Plötzlich verspürte ich einen dumpfen Schlag am Kopf, und ging zu Boden. Meine Hand tastete nach oben, es fühlte sich nass an, und schon rann das Blut über mein Gesicht. Schade um das noch halb volle Weißbier! Eingewickelt in ein T-Shirt legte mich mein Vater auf den Rücksitz, wo ich das neue Auto einfärbte. Im Krankenhaus wurden wir als alte Bekannte herzlich willkommen geheißen. Die Schwestern freuten sich, auch den großen Bruder im perfekten Partnerlook mit einem zu 100% identischen Hubschrauberlandeplatz auszustatten.

Der Leib Christi

Diese Geschichte beginnt in einem sehr frühen Stadium. Genau genommen war ich zu Beginn noch in Abrahams Wurstkessel:

Als seinerzeit mein Vater (katholisch) meine Mutter (evangelisch) heiraten wollte, war der damalige Pfarrer bei meinem Opa erschienen. Wie könne es sein, dass sein Sohn eine Protestantin heirate! Wenigstens sollten die Kinder dann katholisch erzogen werden. Anstatt zuzustimmen packte mein Opa den Pfarrer am Kragen und half ihm nach draußen, was eine heftige Sonntagspredigt nach sich zog, für lange Zeit das Gespräch im Ort! Also .. wurden mein kleiner Bruder und ich evangelisch.

Anfang der 80er Jahre, etwa 15 Jahre später, durfte ich mit der katholischen Jugendgruppe in das Zeltlager nach Meran mitfahren. Soweit ich mich erinnere, war ich der einzige Protestant in weiter Runde. Grund genug, sich brav und unauffällig zu verhalten!

Wunderschön über Meran gelegen, wohnten wir auf einer Wiese in vier oder fünf großen Zelten, Männlein und Weiblein sauber getrennt. Rund um uns herum waren Weinberge, gegenüber das Dorf Tirol mit seiner Burg und dem herrlichen Bergpanorama!
Wir waren stets alle beisammen, Lagerfeuer, Schnitzeljagd, oft spielten wir mit der Dorfjugend Fußball. Die völlige Freiheit war lediglich dadurch eingeengt, dass wir ohne Absprache nicht das Lager verlassen durften.
Aber es schliefen ja alle noch, also joggte ich bei Sonnenaufgang am nahen Waalweg entlang durch die Weinberge. Auf dem Rückweg kam mir der Herr Pfarrer auf seinem Morgenspaziergang entgegen. Mit leicht rotem Kopf grüßte ich höflich, immer schön brav sein, nicht auffallen ....
Beim Zeltlager angekommen, bemerkte ich einen Mann, der mit einem Tank auf dem Rücken und einem Atemschutzgerät vor dem Gesicht die um unser Lager liegenden Weinreben besprühte. Ich dachte mir, das kann nicht gesund sein, und hielt beim Durchlaufen die Luft an. Ich erinnere mich, dass die Augen brannten.

Am Abend klagten einige über Kopfschmerz und Schwindel, und in der darauf folgenden Nacht fingen sie an, sich zu übergeben. Etwa die Hälfte, vielleicht 20 Leute, hatte es bis nach dem Frühstück erwischt. Der örtliche Arzt wurde gerufen, und war sehr schnell wieder weg.

Etwa eine Stunde später sahen wir unterhalb unserer Wiese mehrere Autos vorfahren, Krankenwagen, Polizei, einige Zivilfahrzeuge, ...

Die Ärzte trugen Atemmasken. Die Polizisten begannen, unser Lager mit einem Band abzusperren, wir waren ab sofort unter Quarantäne, und wurden streng bewacht. Später auf der Heimfahrt wurde uns ein eigener Zugwaggon bereitgestellt, der versiegelt wurde. In München wurde dieser vor Einfahrt in den Hauptbahnhof abgekoppelt, wir mussten in einen Bus umsteigen.

Uns wurde später erzählt, wir hätten Bakterien in unser Trinkwasser bekommen. Ich glaube bis heute an eine chemische Vergiftung. Meine kurze Schilderung über den Mann im Weinberg wurde abgewunken.

Am späten Nachmittag waren nur noch rund zehn Gesunde übrig, alle anderen lagen am Boden. Unser Pfarrer meinte, es wäre der richtige Zeitpunkt, um um göttlichen Beistand zu beten. Nachdem nicht alle katholisch seien, mit einem kurzen Blick zu mir, machten wir eben einen ökumenischen Gottesdienst.

Der fiel recht umfassend aus. Während des Gottesdienstes wurden meine Knie weich, und eine gewisse Übelkeit machte sich breit ... Zwei weitere Kollegen entschuldigten sich während der Messe und gingen fort. Ich wollte nicht auffallen, nein, ich schaffe das schon noch bis zum Ende. Endlich waren wir beim Abendmahl, bald hatte ich es geschafft! Wir waren im Halbrund aufgereiht, ich stand als letzter in der Reihe. Der Pfarrer verteilte die ersten Hostien, „der Leib Christi", „der Leib Christi", ... Gleich kommt er zu mir, ich schaffe es noch ...

Da stand der katholische Pfarrer vor mir, dem einzigen Protestanten, und bat mir die Hostie an: „Der Leib Christi", und genau in diesem Augenblick drehte ich mich weg und ...

Die andere Seite des Jordan
(Brake on through to the other side)

Zunehmend hatte ich Probleme mit dem obersten Hemdknopf, er ging einfach nicht mehr zu. Ich hatte paar Kilo zugenommen, deshalb hatte ich die Schilddrüse erst nicht auf der Rechnung. Eigentlich war ich wegen einer Adduktorenzerrung beim Doc, nach einem kapitalen Skisturz auf der Kandahar, als er bemerkte, der Hals wäre so dick, dass wir uns die Schilddrüse mal genauer anschauen sollten. Nach einem Bluttest schickte er mich zu einem Radiologen nach Bad Tölz. Bei der Fachbezeichnung „Radiologe" hätte ich aufhorchen sollen, zumal meine Eltern beide an der Schilddrüse operiert sind, dazu mein Onkel und meine Tante … So kam ich singend und ahnungslos zur Tür herein, ein paar Untersuchungen, als der Doktor trocken von sich gab: „ Ja, da haben Sie aber einen großen Knoten drauf".
Es traf mich wie ein Schlag. Ich sah ihn ungläubig an, und muss sofort kreidebleich gewesen sein: „Äh, was?" Er war davon ausgegangen, mein Hausarzt hätte mich vorgewarnt, und ich wäre deshalb gezielt zu ihm gekommen, so aber schlug der Befund ein wie ein Blitz. Vor einer weiteren Untersuchung wurde ich in das Wartezimmer zurückgeschickt. Wie in Trance schlich ich hinüber, es lief alles weit entfernt wie in einem Film ab. Zuerst dachte ich nichts bewusst, kein spontaner Gedanke „aus ist´s". Ich saß einfach nur da, und die Tränen liefen mir über das Gesicht. Dann schoss mir durch den Kopf, was ich alles noch machen wollte, und was ich verpasst hatte. Zu bereuen gab es nichts Großes, außer dem Rauchen, aber da war schon so einiges zu bereuen, was ich nicht gemacht hatte.

Vor dem OP-Termin nutzte ich auf der Zugspitze die Gelegenheit, über die großen Snowboarder-Schanzen zu springen. Ich musste es tun, wer weiß was kommt, vielleicht war ja heute die letzte Möglichkeit dazu. An diesem 1.April 2005 war ich der einzige Skifahrer, der ohne Helm und Rückenschutz unterwegs war. Mit einer gesunden Portion Fatalismus nahm ich alle 5 Schanzen hintereinander in voller Schussfahrt mit, es war ja egal, ich muss ja eh bald ins Krankenhaus. Es ging problemlos 20-25 Meter weit, und verdammt hoch hinaus. Ein Gefühl wie fliegen! Allerdings hätte man vor der letzten Schanze dringend bremsen müssen, schade aber auch, dass da kein Stoppschild war! Ich sprang über die Landezone hinaus, und klatschte nach 30 Metern ins Flache. Es drückte mich zusammen, meine Knie krachten, Hintern und Hände kamen an den Boden, Punktabzug. Aber ein richtiger Sturz ließ sich vermeiden. Seitdem kann ich keine 10 Minuten

Radfahren ohne Knieschmerzen, aber es war es Wert gewesen! Mehr davon im Kapitel „Skifahren".

Schließlich kam die Schilddrüsen-OP, und die ging gründlich in die Hose. Treu nach Murphy ging alles schief, was schief gehen kann. Nach der OP war ein Stimmbandschaden, viel schlimmer aber plötzliche äußerst heftige Schmerzen, kaum zwei Stunden aus der Narkose erwacht. Es war Punkt Mitternacht. Ich hatte wohl im Halbschlaf mit dem Kopf gezuckt, der Drainagebehälter war voll. Zufällig kam eben die Schwester bei ihrem Rundgang herein, ging sofort auf mich zu. Kann ich atmen, würde ich Blut schmecken? Nein, nur starke Schmerzen. Sie versuchte, Ruhe auszustrahlen, aber ihre Aufregung war deutlich zu spüren. Sie ging langsam zur Tür, machte sie langsam zu. Die Tür aber sprang wieder auf, und ich konnte hören, wie sie am Gang zu laufen begann. Dann hörte ich sie telefonieren:" Hallo, ... , wir haben eine Nachblutung, schnell, ..., brauche sofort einen Arzt und ein OP-Team,... , ja, ..., natürlich,...". Sie lief wieder über den Gang, dann kam sie mühsam lächelnd und bemüht ruhig zur Tür herein. Die Ärztin komme gleich, sie bliebe solange bei mir. Puls 160. Ich solle mir keine Sorgen machen, es könne nichts passieren. Sie zitterte ein wenig, ich war auf einmal ganz ruhig. In diesem Augenblick dachte ich nur, ist eigentlich scheißegal! Als die Ärztin kam, war mein Puls 40. Not-OP.

In der Narkose hatte ich einen seltsamen Traum. Es war einer der Träume, bei denen man nach dem Aufwachen einige Sekunden braucht, und um zu realisieren, dass es nur ein Traum war. Es war Frühling, alles blühte, Bienchen summten, der frische Duft der sanften Wiese war in der Luft. Der Himmel war weiß-blau, ein bayrisches Traumland. Ich ging über die Wiese, und in der Ferne begann es dunkler zu werden. Jetzt konnte man erkennen, dass dort ein fast schwarzer Fluss die Wiesen durchschnitt. Ich stand nun nah am Wasser. Am anderen Ufer war die Blumenwiese verschwunden, alles war schwarz-braun, wie die Erde unter der Wiese. Es ließ sich berühren, es war wirklich nasse Erde, dunkel und kalt, rundherum war eine völlige Leere, das Nichts. Kein Licht zu sehen, auf das ich hätte zugehen sollen. Plötzlich verspürte ich eine zarte Berührung am Arm, ein Streicheln. Langsam und mit schwindligem Kopf wachte ich auf, eine Krankenschwester beugte sich tief über mich. Beim Blick in ihren Ausschnitt dachte ich: „Aha, ich bin noch da."

Die WG

Lange habe ich die Überschrift zu diesem Kapitel gesucht. „Studienzeit in Passau" klang mir etwas zu trocken, „Die WG" klingt interessanter. Sie hätte auch „Puschel" lauten können, mit folgendem Hintergrund:

Mit meinem langjährigen WG-Mitbewohner und Freund Tom ging ich auf eine Party im Passauer Studentenviertel „Ghetto". Am Eingang unterhielten sich lebhaft zwei attraktive Studentinnen. Tom platzte dazwischen, lehnte sich mit einem Arm am oberen Türrahmen aufgestützt über eine der beiden, blickte ihr in die Augen und meinte: „Naa, Puschel?"
Grinsend holte ich uns zwei Bierchen, kam aber nicht mehr dazu, eines an meinen Freund weiterzugeben, denn als ich zurückkam, waren die beiden bereits am Knutschen. Fünf Minuten später waren sie verschwunden.
Am nächsten Morgen lief mir Tom in unserer WG über den Weg. Ich teilte ihm mit, dass seine Freundin vorhin angerufen hätte. „Na gut," meinte er, „dann geh ich mal duschen und komm zu ihr rüber ...".

Einige Monate später saß ich mit unserer Mitbewohnerin Jule bei einem ausgiebigen Frühstück in unserer Küche. Ein etwas übermüdeter Tom kam dazu, und beschwerte sich lauthals über eine von Jules Freundinnen. „Sag mal, drei Monate sind wir zusammen gewesen, hatten uns sogar verlobt. Seit gerade mal zwei Wochen sind wir auseinander, und sie hat schon wieder einen neuen Freund."
„Tja Tom, so ist das Leben", entgegnete Jule.
„Jaja, schon gut. Ich geh wieder ins Bett. Gib mir doch bitte mal zwei Tassen rüber ..."

An einem anderen Morgen sah ich eine süße Blondine aus unserer Wohnung schleichen.
„Wo hast Du die denn wieder kennen gelernt?", fragte ich ihn.
Er lachte auf: „Beim Wienerwald heut Nacht. Ich hab mir um Mitternacht eine Schnitzelsemmel geholt, und die Frau an der Ausgabe gefragt, wie lang sie noch arbeiten muss. Wir haben ausgemacht, uns um eins an der Ecke zu treffen, aber ich habs vergessen. Um zwei war ich zufällig am Geldautomaten, und hab sie da stehen sehen. Die hat eine Stunde dort gewartet!"
Tom zog sich kichernd auf sein Zimmer zurück. Später rief Marc an und wollte Tom sprechen. Ich erklärte ihm, mein Nachbar müsse noch Schlaf nachholen, ein Blondie aus dem Wienerwald hätte ihn nicht zur Ruhe kommen lassen. Als Marc anschließend zu uns herüberkam,

betrat er die WG mit lauten Worten, schnuppernd: „Hier riechts nach Hähnchen!"

Die anfangs neue Wohnungseinrichtung hatte von uns einiges zu ertragen. Schon bald waren in allen Zimmern die Betten kaputt. Im Psychopatenzimmer (der schattige Kabuff rechts hinten) musste die Matratze entsorgt werden. Sie war nicht mehr trocken geworden, nachdem Justin nach einer lauten Nacht gleich die ganze Matratze in der Badewanne gewaschen hatte. Einige Stühle waren in Mitleidenschaft gezogen, der Küchentisch war zusammengebrochen, mehrmals riss der Duschvorhang ab. Die Klobrille hatte einen Sprung, und ein Waschbecken hatte ebenfalls den rhythmischen Belastungen nicht standgehalten. Nur die Waschmaschine zeigte sich stabil.

Mit Tom habe ich auch heute noch Kontakt. Er hat es bei einem größeren Unternehmen auf den Briefbogen geschafft, kein Wunder angesichts reichhaltiger Erfahrungen. Eines Tages rief er mich im Büro an. Er hatte offenbar den Lautsprecher an, ich konnte seine Kollegen im Hintergrund murmeln hören.
„Hallo Lude, antworte ehrlich, nicht schummeln, wie viele Frauen hatte ich?"
Meine ehrliche Antwort war, da ich über funktionierende Augen und Ohren verfüge, so um die 40 könne ich bezeugen, für die drei Jahre gemeinsamer WG-Zeit. Aus Schilderungen anderer glaubwürdiger Quellen müsste eine absolut realistische Schätzung knapp über 100 sein.
„Danke, kommt hin." Vom anderen Ende der Leitung waren vielseitiges Gelächter und Schenkelklopfer zu vernehmen.
„Hatte ich eine Japanerin?"
„Ja, Rika".
„Eine Afrikanerin?"
„Keine Ahnung."
„Hatte ich, weißt halt nix davon. Dann ruf ich eben Frank an zur Bestätigung. Eine Brasilianerin?"
„Hattest Du? Wüsste ich jetzt auch nicht."
„Hatte ich auch nicht, das wir die Fangfrage. Danke, das war's schon, tschüß."
Heute wiegt Tom 125 kg, und wird den angestrebten Weltrekord wohl nicht mehr brechen.

Die WG war Dreh- und Angelpunkt des Seins. Nächtelange Risiko-Spiele, intensive Marktforschung über relevante Gerstensäfte und strategisch günstig positionierte Bars und Kneipen, Recherche und Umsetzung des Kamasutra, Fußball, etc., verlängerten das Studium.

Wochenlang lag das Buch „Organisationslehre" aufgeklappt auf dem Schreibtisch, mühsam quälte ich mich durch. Umsonst, denn letzten Endes gab ich diesen Teil im Examen leer ab.

An einem besonders bocklosen Sommertag, den wir mit einer endlosen Schaffkopfnacht bis zum Semmelholen begonnen hatten, beschlossen wir, den sinnlosesten Tag unseres Lebens zu leben. Dies bedeutet, bis Mitternacht nichts zu unternehmen, das in irgendeiner Weise produktiv wäre. Heute weiß ich, dass es noch sinnlosere Tage in meinem Leben gab.

Den Großteil dieses Tages verbrachten wir auf der Terrasse. Tom auf einem Plastikstuhl sitzend, die Bierflasche in einer Hand, in der anderen Hand eine Peitsche, mit der er versuchte, Fliegen zu verscheuchen. Oder besser, im Vorbeiflug zu erwischen. In der Zwischenzeit besorgte ich mir eine Wasserpistole, und zielte stundenlang auf Ameisen.

Später kamen die anderen dazu. Als erstes halfen wir alle zusammen, Jule´s Bett zu reparieren, mit den üblichen Scherzen dazu. Nach einigen schönen WG-Menschenpyramide-Fotos beschlossen wir, die WG unter uns zu überfallen. Wir verkleideten und vermummten uns, und nachdem wir keine Gewehre und Granatwerfer hatten, bewaffneten wir uns mit Schirmen, Staubsaugern, und was uns sonst in die Finger kam. Dann stürzen wir uns mit einem „Yippiahe, Schweinebacke" in professioneller Kampfrolle auf unsere Feinde. Beim Abzug nahmen wir neben Gefangenen auch eine Tür mit.

Am Abend kam uns die geniale Idee, den Tag an Sinnlosigkeit noch zu übertreffen. Bewaffnet mit einer Taschenlampe, einer Kiste Bier, zwei Hockern und zwei Bratpfannen zogen wir in den Wald, um an einem Seitenbach der Ilz nach Gold zu suchen.

Der Rest der Kiste Bier fand sich am nächsten Tag in unserer Badewanne wieder, die zur Kühlung mit Wasser gefüllt war. Die Jungs saßen auf der Terrasse mit weiteren Freunden. Um keine potentielle Anruferin zu verpassen, und um größere Bemühungen oder gar Hektik zu vermeiden, nutzten sie die gesamte Länge des Telefonkabels aus. Es wurde durch den Flur quer durch das Bad verlegt, und das Telefon am Rahmen des Fensters zur Terrasse platziert. Jemand stolperte über das Kabel, das Telefon flutschte in die Badewanne. In angetrunkenem Zustand versuchte der Verursacher, das Telefon möglichst rasch zu trocknen. Das Vorheizen des Backofens dauerte zu lange, also wurde zu einem Fön gegriffen. Damit erreicht man leider keine Innenflächen. Schließlich landete das Telefon in der Mikrowelle. Als laut die Funken sprühten, brach eine Panik aus.

Das Telefon ersetzte letztlich die Telekom, eine seltsame Überspannung, als hätte direkt in das Telefon der Blitz eingeschlagen. Die Mikrowelle wurde zu einem raffinierten Versicherungsfall.

Tödliches Grillfest

Es gibt nichts Schlimmeres als betrunkene Pyromanen! Wir waren zu einem Grillfest eingeladen, das in einer entlegenen Gartenlaube stattfand, um die wild der kaukasische Bärenklau wucherte.

Das Anzünden des Grills wollte einfach nicht gelingen, zu nass waren Anzünder und Grillkohle. Auch ein Nachhelfen mit Papier, Pappe, Kleinholz führte nicht zu dauerhaft züngelnden Flammen. Als Dauerbrenner wurden zur Unterstützung einige Friedhofskerzen im Grill platziert, wieder ohne Eintreten des gewünschten Effekts. Nachdem kein Spiritus zur Verfügung stand, kam die Idee auf, man könnte ja mit einem Schuss Diesel aus einem Reservekanister nachhelfen. Wenn man das eine Stunde lang brennen lassen würde, würden sich die giftigen Bestandteile schon auflösen. Natürlich müsste eine Restglut vor einem Drüberschütten völlig erloschen sein. Bier zum Löschen wurde als zu kostbar empfunden. Während wir noch diskutierten, packte Tom seine Urinstrahldüse aus und spielte Feuerwehrmann.
Die ersten Gäste, meist weiblich, verabschiedeten sich. Der Hinweis, dass sich auch dies bei anschließendem Feuer wieder verflüchtigen würde, verhallte ungehört. Als tatsächlich der Dieselkanister auftauchte, wandten sich weitere Warmduscher ab. Schade, denn selten gab es ein derart spektakuläres Grillfeuer zu sehen. Dank der auch noch vorhandenen Holzscheite brannte das Feuer minutenlang zwei Meter hoch. Eine Stunde später hatten wir tatsächlich eine derart herrliche Glut, dass der Boden des Grills zu schmelzen begann. Und es roch kaum mehr nach Diesel. Bevor der Boden ganz durchschmelzen würde, pirschten wir uns an die Kühlbox heran, um das Fleisch aufzulegen. Beim Öffnen warf es uns einen Meter zurück, es entwich der Duft von Tod und Verwesung. Mit überraschter Miene stellte der Gastgeber fest, unglaublich, wie schnell die Zeit verginge. Er hätte schwören können, dass das Kaufdatum noch kein Jahr her sei.

Als Alternative wurde der Notproviant aus diversen WG`s organisiert. Darunter auch einige Bundeswehr-Päckchen aus Horst´s Geheimdepot Oberpfefferberg. Dort könne ja nichts fehlen, denn die hielten ja 10 Jahre. Auch wenn die schon abgelaufen seien, mit scharfem Anbraten könne man das unbedenklich essen. Beim Öffnen der dick aufgequollenen angerosteten ersten Dose zischte ein tödlicher Luftstrahl um unsere Ohren. Wieder roch es nach verwesenden Tierleichen. Bei genauer Betrachtung ließ sich das Haltbarkeitsdatum entziffern: 1978. Wenn diese Päckchen wirklich 10 Jahre haltbar sind,

war das Vieh schon tot gewesen, bevor wir das Licht der Welt erblickt
hatten …

Der Spruch des Abends war:
„ Dieses Fleisch ist schon sehr alt,
es wird uns machen alle kalt!"

McDonald´s

Zu McDonald´s habe ich eine sehr innige Beziehung. Ich gebe aber zu, dass es auch einmal ein Whopper sein darf. Zwei Fast-Food-Erlebnisse möchte ich gerne für die Nachwelt erhalten:

Es war später Abend in Passau. Tom, Axel und ich hatten Heißhunger auf einen Big Mac. Da saßen wir um den Tisch beim lebhaft gefüllten Amerikaner. Neben uns waren einige Jungs und Mädels mit unvollständigen Menüs. Auf Grund des Andranges würden ihnen die fehlenden Portionen nachgereicht werden. Sehnsüchtig beobachteten sie uns, wie wir unser fürstliches Mahl degustierten. Wir begannen, mit unseren Armen Barrieren zu errichten, um unser Essen zu schützen. Tom biss in seinen Big Mac, und blickte drohend unsere Nachbarn an. Wir haben zusammen im Studententheater gespielt, und der große Blonde brachte diesen Auftritt unglaublich perfekt an. Seine Augen vergrößerten sich, er zog die Schultern hoch, sein böser Blick gewann an Schärfe. Während Axel und ich, samt unseren Tischnachbarn, in wildes Kichern ausbrachen, blieb Tom todernst und verbreitete Angst und Schrecken. Mittlerweile waren auch andere Gäste auf uns aufmerksam geworden, und genossen die Galavorstellung. Der Schauspieler griff in seine Manteltasche, und zauberte einen Pflasterstein empor, den er ganz langsam, sich nach allen Seiten umblickend, auf dem Tisch platzierte. Der Gipfel der Drohgebärden war noch nicht erreicht, denn jetzt erhob er sich und baute sich zu voller Größe auf. Den Burger in der linken Hand, den Pflasterstein in der rechten, machte er allen Umstehenden eindringlich klar, dass niemand seine Schätze rauben sollte. Einige wirkten tatsächlich verunsichert angesichts der perfekten Theatervorstellung meines Freundes. Ich hatte Tränen in den Augen, und Bauchschmerzen vor Lachen …

Mehrere Stunden später, in tiefer Nacht, hatten wir erneut Bauchschmerzen, diesmal vor Hunger. Mit Axel alleine kehrte ich an den Ort des Geschehens zurück. Nachdem bereits geschlossen war, wollten wir uns gerade vor der Türe verabschieden, als eine ziemlich heruntergekommene Punkerin auftauchte. Sie sprach uns an, was wir denn hier wollten. Axel erzählte ihr, wir würden darauf warten, dass sie hier ab und zu am Ende einige Essensreste verschenken. Die Punkerin meinte, wir sähen gar nicht so Not leidend aus, aber sie würde uns in eine noch offene Kneipe einladen. Ich hatte kein gutes Gefühl dabei, von jemand eingeladen zu werden, der offenbar nicht von Rockefeller abstammte, dennoch gingen wir mit. Während ich nur ein Pils konsumierte, bestellte Axel ein Schnitzel dazu. Wir brachten unsere Gewissenbisse an, doch sie beruhigte uns:

„Ihr braucht Euch nichts zu denken, ich hab genug Geld. Es reicht sogar meistens, auch noch meinen Freund durchzufüttern. Ich hab mir grade ganz leicht einen Fünfziger verdient. Wenn uns die Kohle ausgeht, stelle ich mich an den Exerzierplatz und spiele Anhalter. Wenn einer stehen bleibt, frag ich ihn, ob ich ihm einen blasen soll. Der Typ eben war auch noch ganz nett, is echt OK so."

Mein schlechtes Gewissen erreichte die Höhe des Mount Everest, auch Axel würgte ein wenig an seinem Schnitzel herum. Es folgte die Frage, ob sie bei uns übernachten könne, vielleicht könne sie ja ihre Ersparnisse auffrischen ...

„Du tschuldige, darf ich Dir einen blasen?"

Ich hatte die Examenswette verloren: Wer als erster mit dem Studium fertig ist, muss sich von den anderen die Haare schneiden lassen. Mit 14 Semestern hatte ich einen klaren Vorsprung, die Zahlen meiner Freunde sind 16, 17, 22, und 34. Entsprechend fiel die Frisur aus. Mein Kopf wurde kahl geschoren und rasiert, nur vorne blieb ein kleines „Schöppel".

Nachts lief ich mit zerrissener schwarzer Jeans durch Passau, Russischer Matrosengürtel, Filzweste auf nacktem Oberkörper, Sonnenbrille, dazu als Halsband ließ ich einen Nietengürtel baumeln. Es ergab sich ein völlig neues Lebensgefühl! Noch einen Tag zuvor hatten mich die Jungs vor der Nibelungenhalle wieder mit „hast Du mal ne Mark" angesprochen, heute war die Frage „willst n Bier?". Außerdem fiel mir auf, dass mir entgegen kommende Leute auf die andere Straßenseite wechselten, erst weit hinter mir kamen sie dann wieder auf diese Straßenseite zurück. Saß ich im Auto und musste mich einfädeln, ließ mich kein Mensch gewähren. Also passte ich meinen Fahrstil und mein Verhalten an meine äußere Erscheinung an, ließ die Reifen quietschen, fletschte die Zähne, hielt auch mal einen Finger aus dem Fenster, ... Manchmal war ich aber auch übertrieben freundlich, redete lieb und leise, und tatsächlich ergab sich einmal die Gelegenheit, einer Oma über die Straße zu helfen. Sie kommentierte dies: „Das find ich aber nett, dass ausgerechnet Sie mir helfen." Leute an der nahen Bushaltestelle haben geklatscht.

Der zweite Tag als neuer Mensch führte mich ins Passauer „Ghetto", ein ehemaliges Kasernengelände, billiger und bevorzugter Studentenwohnort, alternative Szene. Mittlerweile musste diese Subkultur der Erweiterung der Uni Passau weichen. Die Partys in der „Werkstadt" waren legendär, jedoch hatte ich zuvor nie wirklich reingepasst.

Heute ging ich mit dem sicheren Gefühl im Bauch hin, Teil der Familie zu sein, und es würde irgendwas Außergewöhnliches passieren. Nichts passierte. Von meinen Freunden war keiner erschienen, ich tauchte in die Partystimmung nicht richtig hinein. Gegen drei Uhr stand ich am Ausgang, immer noch mit dem Gefühl, da passiert noch etwas. Ich zündete mir eine letzte Zigarette an. Wenn die aus ist, habe ich mich geirrt, und gehe nach Hause. Die Zigarette war aus, nichts war passiert. Das Gefühl war immer noch da. Also gut, noch eine allerletzte Zigarette. Gleich nach dem ersten Zug kam schnurstracks eine Halb-Punkerin auf mich zu, Jura-Studentin, nettes Gesicht, ein wenig pummelig, nicht wirklich hübsch.

„Du tschuldige, darf ich Dir einen blasen?"

Ich hielt das für einen verdammt guten Joke, lachte: „Ja, kannst scho´ machen."

Sie grinste, und runzelte die Stirn: „Die Sach´ hat aber einen Haken."

„Ich bin Gentleman, werd mich natürlich revanchieren."

„Nein, nein, das mein ich nicht. Ich hab zwei Freundinnen zu Besuch da, die würden gern zuschauen."

Verdammt guter Joke !!!

„Das ist natürlich der ultimative Kick, das machen wir."

„Aber fei wirklich, nicht kneifen".

„Nein, ich bin dabei."

„Dann geb ich grad Bescheid, wir sind gleich wieder da, nicht weglaufen".

Fünf lange Minuten vergingen, es war wohl wirklich nur ein Scherz gewesen. Erst mal eine Zigarette. Ausgeraucht. Nichts passiert. Noch eine Zigarette.

Da kam sie zurück, mit zwei sehr attraktiven Freundinnen.

Es war also kein Scherz.

Sie hatten das „Wetten-Du-traust-Dich-nicht-Spiel" gespielt, und haben es wohl etwas übertrieben. Und ich war zur richtigen Zeit am richtigen Ort.

Verschmitzt grinsend zogen wir ab nach Hause. Dort stellte sich heraus, dass unsere beiden Zuschauerinnen exklusives Interesse aneinander hatten. So durfte ich in erster Reihe liegend ausgiebig und ungeniert genießen. Diese Nacht war so unglaublich prickelnd, dass wir uns einige Tage später noch einmal getroffen haben, am Abend in der Mensa der Uni Passau …

Der Pfad der Zerstörung

Hier habe ich länger überlegt, ob ich diese Episode zu Papier bringen soll. In meinem grenzenlosen Optimismus gehe ich davon aus, dass mittlerweile alle Schandtaten verjährt sind. Wenn nicht, so waren wir zu diesem Zeitpunkt zumindest nicht zurechnungsfähig.

Die beste Party in Passau war die zweimal im Jahr stattfindende Bräugassenfete im dortigen Studentenwohnheim. Noch bei meinem ersten Arbeitgeber nach dem Studium hatte ich zwei Vormittage Sonderurlaub ausgehandelt, für die beiden Freitage nach der Fete...

In später Nacht torkelten Tom, Karl, und ich zur Tür hinaus. Es muss wohl etwas rutschig gewesen sein in dieser Novembernacht, denn obwohl wir uns aneinander festhielten, fielen wir des Öfteren zu Boden, sehr zum Gespött der Menschentraube am Ausgang.
Einige Meter vor der Türe brach Tom seitlich aus, konnte nicht mehr bremsen, riss eine Mülltonne um, und fiel rückwärts durch eine Absperrung in eine Baugrube. Mir blieb fast das Herz stehen, das war's , schoss mir durch den Kopf. Bis wir zu unserer Erleichterung ein tiefes Kichern aus der Grube vernahmen. Bei verzweifelten Versuchen, beim Herausklettern Halt zu finden, stürzten Schaufeln, Pylonen, Werkzeuge, und letztlich die gesamte Absperrung in die Grube.
Etwas verstaubt kam Tom zu der Erkenntnis, dass er unverwundbar sei, und so dünkte es ihm auf der Donaubrücke nach einem Freiflug mit anschließendem Bad. Beinahe hätten wir alle zusammen einen Freischwimmer nach Österreich unternommen, auf dem Brückengeländer fehlte uns nur 1° Neigungswinkel.
Es folgte der Tunnel in der Veste Niederhaus, wo uns allzu verlockend ein Gullideckel angrinste. Beim Versuch, herauszufinden, was sich wohl darunter verbergen mag, brach sich der große blonde Womanizer einen Finger. Es folgten mehrere Wochen mit geschientem, senkrecht erhobenem Mittelfinger.
Wir bogen in die Halser Strasse ein, die von zahlreichen Laternen beleuchtet war. Aber nicht mehr lange. Einige kräftige Fußtritte später ließ sich im Dunkeln ein fröhliches 360°-Pinkeln veranstalten.
Die Halser Strasse verengte sich im Verlauf, rechts ging es einen steilen Abhang die Ilz hinunter. Plötzlich war Tom erneut verschwunden. Mit einigem Stöhnen hörten wir ihn wieder hochklettern. Die Pranke des Abgestürzten klammerte sich an einem dieser weißen Leitpfosten fest. Diese hielt der Belastung nicht lange Stand, gerade aber lange genug, um ihm einen längeren Besuch im Krankenhaus zu ersparen. Als Dank für seine Rettung, und wohl auch

wegen der schicken Reflektoren, nahm Tom den Leitpfosten mit in seine warme Wohnung. Karl und ich gingen voraus, um einige hundert Meter später von einem rasenden Sammler überholt zu werden, mit 7 dieser Leitpfosten unter den Armen.

6 davon gaben herrliche Schiffe ab, die wir in der Ilz aussetzten, um Beweismittel zu entsorgen.

Maibaumkraxeln

Es gibt Traditionen, die man unbedingt mitgemacht haben muss, zumindest als einmalige Erfahrung im Leben ...

Der Maibaum auf einem Volksfest in einem österreichischen Dorf über den Hügeln von Passau sah sehr verlockend aus. Auf 12 Metern Höhe, ohne Netz und doppelten Boden, hing eine Glocke zum Läuten. Es ist imponierend, wie die Profis in 10 Sekunden (!) auf 12 Meter buchstäblich hochlaufen. Die Amateure durften sich anschließend heranwagen. Als sich die ersten Preußen aufmachten, musste ich mich natürlich mit Harz einbalsamieren, und unter feuernden Anrufen robbte ich nach oben. Alles lief glatt, bis mir auf 11,5 Metern Höhe der Saft ausging, es ging keinen Millimeter weiter. Damit das Läuten der Glocke nicht das Letzte sein würde, was ich in meinem Leben zu hören bekam, rutschte ich mit letzter Kraft hinunter. Den nachfolgenden Kletterern erleichterten meine Hautfetzen die Besteigung. Daran denke ich jedes Mal, wenn ich mir den „Ehrenpokal Maibaumkraxeln" ansehe ...

Gut geübt, ließ ich mich in der Euphorie der Fußball-WM 1990 zu einem neuen Wagnis hinreißen. Deutschland war Weltmeister! Auf der Leopoldstraße in München fand soeben die größte Party des Jahrhunderts statt (vielleicht abgesehen von 1918 und 1945, wo aber woanders gefeiert wurde).
Einige hatten im alkoholisierten Freudentaumel bereits versucht, eine dieser Laternen zu erklimmen, die bis in den 4.Stock reichten. In tosender Menge wollte auch ich einen Augenblick des Heldentums genießen, und so begann ich zu klettern. Der eiserne Mast war äußerst rau, ideal für den Aufstieg. Oben trommelte ich völlig verausgabt gegen den Deckel der Lampe. Hysterische Schreie, überall Fahnen, ein herrlicher Moment!
Ich verschnaufte einige Sekunden, und machte mich an den Abstieg, der mangels Kraft zu einem Abrutsch wurde. Nun war es weniger praktisch, dass der Mast so rau war. Schon auf halber Höhe roch es nach verbranntem Fleisch. An der Laterne fand sich eine rot-braune Spur, mehrere Meter lang. Unten angekommen, fiel mir auf, dass meine Hemdärmel und weite Teile der fast neuen Jeans praktisch verschwunden waren. Wie meine Haut. Doch in schwer angetrunkenem Zustand hielt sich der Schmerz in Grenzen. Jemand hielt mir ein Mikrofon in den Mund, ich verstand im Lärm nur die Aufforderung: „Los, sagen Sie etwas!" Mir entkam ein besoffener

Urschrei „Weltmeister!". Eine schöne und höchst philosophische Szene, die bestimmt weltweit ausgestrahlt wurde.

In der Nacht kam dann der Schmerz, als ich an der Bettdecke festwuchs. Und in den Wochen danach, wo mich der bereits bekannte Hautarzt wieder zusammenflickte …

Grüne Strapse

Sie sitzen noch immer im Büro, alle anderen sind längst zuhause oder im Biergarten. Obwohl es schon bald 20:00 Uhr ist, ist es draußen noch immer drückend heiß und schwül. Auch im Büro ist es stickig. Sie quälen sich ab, dieses eine Angebot noch fertig zu schreiben. Neben Ihnen ist nur noch eine Kollegin im Büro, irgendwo ein Stockwerk tiefer. Sie ist jung, blond, hellblaue Augen, ein echter Blickfang. Verheiratet. Sie ist frech, frivol, in der Stadt am Abend öfter beschwipst anzutreffen, und Sie wissen, dass sie auch eine gute Figur hat. Sie wissen das, weil vor einigen Wochen zwei Polaroid-Fotos durch die Firma gingen. Und Sie kennen auch die Gerüchte, die als Indiz der zeitweise wild blühende Herpes anfacht.
Sie haben kurz ein merkwürdiges Gefühl im Bauch. Denn auch sie weiß, dass Sie im oberen Stock dort alleine sind. Aber Sie denken nicht einmal daran, Ihre Konzentration gilt ihrer Kalkulation.

Plötzlich vernehmen Sie ein leises Scharren an der Tür, als würde ein Hund versuchen, auf sich aufmerksam zu machen. Sie missachten das Geräusch, hat wohl nichts zu sagen. Jetzt klingelt auch noch das Telefon, so spät noch, unglaublich. Man wird wohl nie mit seiner Arbeit fertig! Während Sie den Hörer am linken Ohr haben, verwandelt sich das Scharren an der Tür in ein eindeutiges Klopfen. Sie halten kurz mit der anderen Hand das Mundteil zu, und sagen „Ja". Die Tür geht langsam einen kleinen Spalt auf, aber es tritt niemand ein. Sie können es nicht genau sehen, weil Sie ein wenig um die Ecke sitzen, auf die Tür haben Sie keinen direkten Blick. Sie reden weiter mit diesem Jemand, der sich zu später Stunde an Ihre Durchwahlnummer verirrt hat. Sie bemerken eine Hand am Boden, und nun kommt um die Ecke eine zweite Hand. Mit rot lackierten Fingern. Sie ahnen, wer das ist, und denken an einen guten Scherz. Der Hund streckt nun den Kopf um die Ecke, er ist blond. Sie lachen kurz, und deuten auf den Telefonhörer. Der Hund verweilt so, nur Kopf und Hände sind zu sehen. Sie bringen das Telefonat kurz und elegant zu Ende. Der Hund tastet sich einen weiteren Meter vor, und kommt nun ganz um die Ecke. Er hat kein Fell. Offenbar sogar überhaupt kein Fell. Statt dessen ist seine Haut recht blass. Sie ist mit grünen Strapsen bedeckt. Sie kennen diese grünen Strapse bereits. Aus den Polaroid-Fotos!

Sie sind baff, völlig baff, und schauen sie nur mit großen Augen an. Sie krabbelt weiter auf Sie zu, und meint: „Naaa, gefal ich Dir?" Auch als sie nur noch einen Meter weg ist, bleibt Ihnen noch immer die Luft weg. Sie fangen an zu stammeln: „Das können wir nicht bringen. Das geht nicht." Sie werden dazu aufgefordert, sich auszuziehen. Noch einmal bringen Sie Ihre Einwände an. „Dann mach wenigstens die Hose auf, und lass´ mich Dir einen blasen, Du Feigling!" Für einen Moment überlegen Sie, hmm, das wäre eigentlich ganz OK. Dann kommt Ihnen das Bild in den Kopf, wie Ihre Kollegin erst vorgestern ausgesehen hat, mit dicken Binkeln um den Mund. Außerdem, bestimmt würde sie es damit nicht belassen, nur so ein weiblicher Überredungstrick ...

NEIN !

Sie schreit Sie an, was für ein Hosenscheißer, Jammerlappen, Schlappschwanz Sie sind. Der letzte Satz lautet „Dich mach ich fertig!"

Fazit:

Es würde eine Menge Ärger ersparen, und es würde sich förderlich für die Karriere auswirken, immer Kondome griffbereit zu haben.

Städteraten mit Max

Es war eine dieser langen Nächte, als wir auf das Examen lernten. Das Fach Finanzierung war äußerst knifflig, und gegen 3:00 Uhr am Morgen musste Entspannung sein.

Es folgte eine Runde Bundesliga-Manager am Computer. Leider waren wir offenbar noch nicht Examensreif, denn erneut managten wir unser Team recht bald in den Konkurs. Zum Glück kam Wolfgang dazu, mit einem Vorrat an Weißbier. Schon bald kam ausgelassene Partystimmung auf. Zu ausgelassen, denn allzu heftiges Anstoßen ließ das erste Glas zerbrechen, und der Franziskaner hinterließ einen dicken Fleck im Teppich. Der zweite Fleck landete bei erneutem Zuprosten an der Zimmerdecke, und über einigen Lehrbüchern. Mit lautem Ausruf: „Den Scheiß brauch ich eh nicht!" segelten die ersten Bücher aus dem 3.Stock, hinab in eine Baugrube. Es folgte ein volles Bierglas, das entgegen aller Gesetze der Schwerkraft zuerst den oberen Türrahmen berührte, eine volle Drehung vornahm, auf dem Balkongeländer aufhüpfte, und im Ganzen, ohne einen einzigen Tropfen Verlust, von Dannen ging. Den selben Weg nahm anschließend der Toaster. „Die Stühle nerven mich auch!", schrie Max übermütig auf, zertrat einen, und schenkte ihn den Bauarbeitern …

Wenn in erschöpften Gehirnen der Korken gezogen wird, kann das Resultat ein geistiger Erguss in phantasievolle Höhen sein. Bis zum Morgengrauen vergnügten wir uns in Städterätseln, unsere Gedanken stets um den Globus kreisend.

Ausgangspunkt waren die bekannten Namen aus dem Schwedischen Sexualministerium, Lasse Samström, und sein Kollege aus dem Alkoholministerium, Laars Tragl. Die Sportminister auch China, Do-Ping, und aus Russland, Anna Bolika, ließen unseren Abend endgültig abdriften.

Wo auf dem Balkan werden Schäferhunde abgerichtet?
Bell-grad.

Wo erfolgt die erste Stufe der Hundedressur?
Bell-fast.

In welcher Stadt in Sibirien erfolgt die Dressur eines Dackels?
Waldi-wo-stock.

Wo in England kann ein Alkoholiker frische Organe erhalten?
Ganz klar, in Liver-pool.

Wo in England werden radioaktive Grundstücke verkauft?
Sell-a-field (dies ist leider kein Witz !).

Wo ist der Amerikaner besonders stolz auf sein Land?
Mi-Ami.

Was sagt der spanisch-stämmige Amerikaner, der ein Mädchen loswerden will?
Chica-go!
(dieser Gag entsprang der Diskussion über ein altbekanntes spanisches Flittchen, Se-will-ja)

Wo in Japan werden Männer verwöhnt?
Nag-a-sacki.

Wo in Südamerika liebt man alpine Filme?
Monte-Video.

Wo in Osteuropa gibt es Reisebüros für Entspannungsurlaub?
Book-a-rest.

Wo in Asien ruht sich der müde Wanderer aus?
Bank-hock.

Was sagt der finnische Kapitän, wenn er brennend mit seinem Segelboot untergeht?
Hell-sink-i.

Was sagt ein Mann in Asien, wenn ihm sein Gebetsbuch ins Wasser fällt?
Islam-a-Bad.

Wo geht der Mann im Nahen Osten hin?
„Ich bin Bei Ruth".

Es gab einst einen österreichischen Politiker, der in Indien ausrutschte:
Hyder-a-Bad.

Was sagt der ägyptische Flughafenangestellte, wenn er einen typisch bleichen Touristen aus dem Flugzeug steigen sieht?
Kai-roh.

Was sagte einst der Landser auf dem Russlandfeldzug, wenn es nichts mehr zu Essen gab?
Moos-kau.

Wie nennt man einen glatzköpfigen Mönch in Asien?
Kahl-Kutta.

In welcher asiatischen Stadt ist Hundefutter aus Dosen verboten?
Ne-Pal.

Wie heißt der berühmteste türkische Bodybuilder?
Ist-an-Bull.

Was steht auf der Sterbeurkunde eines toten Brasilianers?
Man-aus.

Wie nennt man einen verrückten Brasilianer?
Belém.

Wo kauft sich der Afrikaner neue Kleidung?
Nai-Robi.

Wie lautet die Liebeserklärung eines Afrikaners in Bayern?
Mog-a-di-scho.

Was sagt der Inder zu einer frischen Beule?
Na, das ist einfach: Neu Delli.

Mit welchen Worten verschmäht der Allgäuer eine Speise in Asien?
Ha noi.

Wie heißt der gefährliche chinesische Barkeeper aus Mafiakreisen?
Schank-Hai.

Zum Abschluss möchten wir Ihnen das Nationalgericht Alaskas empfehlen, die Suppe aus Kotzebue.

Skifahren

Skifahren! Eine ganz große Leidenschaft, und seit es Carvingski gibt, eine völlig neue Dimension! Der Unterschied zu normalen Ski ist am Einfachsten so zu erklären: es ist wie mit oder ohne Kondom.

Als passionierter Skifahrer mit entsprechender Einsatzbereitschaft bin ich über die Jahre in diversen Krankenhäusern bestens bekannt. Nicht selten werden meine spektakulären Stürze beklatscht, und es wird bedauert, dass es keine Wiederholung mit Zeitlupe gibt. Ja, ich habe schon viel Schnee gefressen!

Eine alte Adduktorenverletzung zwickt mich noch heute. Ich wollte Herminator spielen, und den Starthang der Kandahar in Garmisch wie die Profis mit nur drei Kurven nehmen. Nach der zweiten Kurve blieb ich seitlich in einem Schneehaufen hängen, bei bestimmt 60 km/h. In hohem Bogen überschlug ich mich seitwärts, landete per Zufall wieder auf den Beinen, um sofort den nächsten Seitwärts-Salto zu drehen. So ähnlich muss sich ein Huhn fühlen, wenn ihm ein Bein herausgerupft wird! Nach dem zweiten Überschlag landete ich auf dem Rücken, und kam nach weiteren unkontrollierten Purzelbäumen erst 200 m später, 20 m vor dem Fangzaun an der Ausfahrt des Steilhangs, zu stehen, bzw. zu liegen. Mein bislang schönster Sturz, filmreif!

Meine Knie sind unbrauchbar, seit ich mich dazu überwinden konnte, die ganz großen Freestyle-Schanzen zu springen. Das Schwierigste am Springen ist es, den richtigen Anlaufpunkt zu finden, denn man sollte nicht die Landezone verfehlen. Fatal ist ein zu kurzer Sprung, dies ist wie aus dem ersten Stock auf Beton zu klatschen. So geschehen in Ehrwald, wo man mir später sagte, die größte Freestyle-Schanze in Tirol. Flugzeit volle 5 Sekunden, 5 m hoch, bis zu 25 m weit. Bei meinem zweiten Sprung wollte ich auf jeden Fall schnell genug über die Schanze kommen. So kam es zu einem unfreiwilligen Schanzenrekord, viel zu weit, sehr zur Freude meiner Knie. Meniskuseinriss, zweifach.
Nie vergessen werde ich die Geschäftsreise nach Moskau. Am Tag davor war ich auf der Zugspitze einige Meter über die Landezone hinaus gesprungen. Direkt danach konnte ich nicht mehr stehen, geschweige denn das Knie abbiegen. Auf der Heimfahrt im Auto bekam ich den Fuß nicht mehr vom Gas, Bremsen musste ich mit der Handbremse, jedes Kuppeln war mit einem Aufschrei verbunden. Ein Horror war der Flug, es war schlimm genug die Musterkoffer zu schleppen, am Schlimmsten aber die engen Sitze ohne Beinfreiheit.

Im Krankenhaus Kufstein gibt es eine überaus attraktive Ärztin. Mein Unterbewusstsein muss ihre Existenz geahnt haben, und wollte sie unbedingt kennen lernen. Am ersten Tag dieses Skiurlaubes an der Hohen Salve waren an einer Bodenwelle meine beiden Skischuhe geplatzt, am nächsten Tag war ich selbst an der Reihe. Nach einer Schanze quer über einen Ziehweg wollte ich nach rechts bequem abdrehen. Leider ging der Sprung etwas weiter als gedacht, so dass die Bremszone recht kurz ausfiel, und bei einem Abdrehen nach rechts wäre ein Pfosten im Weg gewesen. Es war nur wenige Wochen nach dem tödlichen Skiunfall der Rennfahrerin Ulrike Maier auf der Kandahar, der der Pfosten des Zeitmessgerätes zum Verhängnis geworden war. Blitzschnell drehte ich sicherheitshalber nach links ab. Dort ging es leider eine Abbruchkante hinab auf den unteren Ziehweg. Diese Kante hatte nicht einen Meter, wie es zunächst aussah, sondern drei. Bei der heftigen Landung platzten beide Bindungen auf. Der rechte Skistock bohrte sich in den festgefahrenen Schnee, in dem meine Hände noch in den Schlaufen waren. Es riss mir den Arm nach hinten, ein lautes Knacken. Ein Impuls wie einem Huhn den Flügel herausrupfen. Ich stürzte auf die Seite, auf die bereits geknackte Schulter. Kapsel- und Sehnenriss, vier Wochen Armschlinge. (Anmerkung: Das war das Skiseminar der Uni Passau, wo die Urversion der „Strategischen Toilettenzonen" erstmals in größerer Runde vorgelesen wurden. Gewissermaßen die Initialzündung für dieses Buch.)

Der schmerzhafteste Sturz ereignete sich an der Meransen in Südtirol. Dreifacher Armbruch. In einem Skiurlaub mit meiner Jugendliebe Lilli waren wir tagsüber mehrmals über eine nette Schanze gesprungen. Per Zufall hatten wir auf der Hütte einige Freunde aus der Schulzeit getroffen. Einige Jagertee später wagte ich einen neuen Sprung, diesmal mit etwas mehr Anlauf. Beim Anfahren war ich mir nicht ganz klar darüber, was ich springen wollte. Eine saubere Hocke, eine Grätsche, oder vielleicht ein Rückenkratzer? In der Luft erledigten sich diese Gedanken; die freie Entscheidung wurde mir durch das Gesetz der Schwerkraft entrissen. Das Ergebnis war ein wunderschöner Hechtsprung auf eine Eisplatte. Ich konnte deutlich das Knacken vernehmen. Sofort wurde mir übel, und (aus meinen Erfahrungen aus meinem dreifachen Beinbruch) mir war klar, dass ich mir etwas gebrochen hatte. Lilli war damit nicht einverstanden, ich solle mein Gewinsel bleiben lassen. Mit zwei gebrochenen Armen, Elle links, Speiche rechts, dazu ein Daumenknochen, ließ sie mich am nächsten Morgen Koffer schleppen. Ebenso schmerzhaft verlief die Nacht in der

Ferienwohnung, die natürlich ausgenutzt werden musste. Es hätte sich unter diesen Rahmenbedingungen eine bequeme Reiterstellung empfohlen, oder a tergo. Weniger angenehm ist mit gebrochenen Armen die Missionarsstellung, die Lotosblüte, Kamasutra Nr. 1, oder gar die Granatenstellung. Spätestens seit dieser Nacht ziehe ich eine klare Trennlinie zwischen Lust und Schmerz! Als Entschädigung durfte sie mich vier Wochen lang füttern, und baden wir ein kleines Kind …

(Die Rohversion dieses Kapitels entstand an einem herrlichen Skitag auf der Zugspitze, Pulverschnee und Sonnenschein, mit einem Weißbier an meiner Seite …)

Haifische

Haie und ich haben eine sehr innige Beziehung miteinander, wir haben einen Vertrag: Du frisst mich nicht, ich ess dich nicht.
Meine erste Hai-Begegnung war ein Weissspitzen-Hai auf den Malediven, kleiner als 50 cm.
Nach einer Urlaubswoche wird man etwas mutiger, und ich bin auch neben Exemplaren geschwommen, die etwas größer waren. Eines Tages schnorchelte ich durch die Lagune. In nur gut 1 m tiefem Wasser war außer Winzlingen nichts zu erwarten. Plötzlich überholte mich von rechts mit nur 50 cm Abstand ein Kollege, der ziemlich genau meine Größe hatte. Direkt neben mir klappte sein Auge auf und ab. Ich hatte ihn nicht kommen sehen, umso stärker fiel mein Herzklopfen aus, aber es gelang mir, cool zu bleiben, und so schwammen wir noch 2 Minuten brav miteinander weiter. Als er etwas schneller über das Außenriff ins tiefere Wasser abglitt, drehte er sich noch einmal um, und zwinkerte mir zum Abschied noch einmal zu.
Einige Tage später, auf der Nachbarinsel, gab es noch eine Begegnung der 3.Art. In 10 m Entfernung war ein anderer Kollege gerade auf Fischfang über dem Riff. Das war kein harmloser Riffhai, und ein wenig größer. Aber der Vertrag hatte sich wohl zu ihm herumgesprochen, und so verschwand er in Richtung Lagune, um die japanischen Badegäste zu erschrecken.

Tigerhaie machen sich nichts aus Verträgen. Das war auf Hawaii. Wir hatten am frühen Morgen in Hula-Zeremonie im Blätterrock auf Maui am Strand geheiratet. Am Turtle Beach auf Big Island schwamm ich mit Schildkröten im flacheren Wasser, bestimmt 30 habe ich gezählt. Den Beginn des tieferen Wassers markierte ein großer Felsen, der oben aus dem Wasser ragte.
Ich schwamm rechts um den Felsen herum, da bemerkte ich direkt vor mir eine Bewegung. Im trüben und von Wellen aufgewühlten Wasser vor dem Felsen war die Sicht nur wenige Meter, und so dachte ich zuerst an das typische Flügelschlagen einer Schildkröte. Jedoch bewegten sich diese Flügel senkrecht, und in diesem Augenblick registrierte mein Gehirn „Heckflosse!!", und es drehte sich soeben der Kopf des knapp 3 m langen Haifisches zu mir um. Noch in der selben Sekunde saß ich oben auf dem Felsen, ich war förmlich aus dem Wasser gesprungen. Wäre ich nur 5 Sekunden früher um den Felsen geschwommen, wäre ich ihm geradeaus ins Maul geraten.

Eben fällt mir ein, dass ich oben nicht ganz richtig lag, meine erste Haibegegnung war auf Elba als Kind gewesen, ein Fischer hatte einen kleinen Hammerhai gefangen.

Wer glaubt, im Mittelmeer gäbe es keine Haie, irrt sich gewaltig, es wimmelt dort von Haien in vielen Arten. An der Küste nördlich von Piombino war vor einigen Jahren ein 7m langer Weisser Hai gefangen worden.

Neulich auf Menorca hatte ich mein schönstes Hai-Erlebnis:

Im brusttiefen Wasser war ich mit meinem 6-jährigen Sohn Daniel unterwegs, um einen kleinen Schwarm etwa 30 cm großer Fische zu beschnorcheln. Daniel hing gerade im Huckepack an meinem Rücken, als plötzlich etwas 2 m vor uns durchs Wasser zischte. Man konnte für nur 2 Sekunden den Hai sehen, Sand wirbelte auf, das Wasser füllte sich mit Luftblasen. Eine kleine Spur war zu sehen, nicht wirklich rot, der Hai hatte sich direkt vor unserer Nase einen Fisch geschnappt. Die Fische gingen zur Verteidigung über, und positionierten sich in Schlachtformation. Sie reihten sich von der Wasseroberfläche bis zum Grund diagonal versetzt auf, in absolut symmetrischen Abständen. Wohl um wie eine große Einheit zu erscheinen, oder vielleicht boten sie so die geringste Angriffsfläche.

Der Hai fuhr noch ein zweites Mal durch, erwischte aber keinen. Sofort nach dem Angriff hatten die Verteidiger ihre Ordnung wieder hergestellt. Mein Sohn hatte sichtbare Angst, und klammerte sich an meinen Hals, und so zogen wir uns langsam ans Ufer zurück.

Aus sicherer Entfernung konnten wir beobachten, wie sich immer wieder Wirbel im Wasser bildeten, womöglich waren etwa 50 m vom Ufer entfernt noch mehrere Haie am Jagen, an einer ganz normalen Badebucht im friedlichen Mittelmeer …

Der Piratenschatz von La Buse

La Buse, mit wahrem Namen Olivier Levasseur, war ein legendärer Pirat. Der Wert seiner Beute wird auf 200 bis 500 Mio. $ geschätzt. Gesucht wird danach seit fast 300 Jahren. Die heißeste Ecke ist auf Mahé, der Hauptinsel der Seychellen. 1730 wurde La Buse gefasst und hingerichtet. In seinem letzten Moment soll er eine Schatzkarte in die Menge geworfen haben.

Diese Schatzkarte auf Papier ist zwar verschwunden, aber die eingravierte Karte auf den Felsen am Beau Vallon Strand bei Bel Ombre ist klar zu erkennen.

Mehrmals waren wir in unserem Urlaub daran vorbei gegangen, und hatten die offiziellen Schatzsucher beobachtet, die im Falle des Erfolges 50% an den Staat der Seychellen abgeben müssten. An unserem letzten Urlaubstag winkte uns jemand herüber, wir durften das Gelände betreten. Er stellte sich als Robert Graf vor, ein Amerikaner mit deutschen Vorfahren. Er war der Schatzsucher, der mit exklusiver Lizenz arbeitete. „Do you know where you are?" war seine Frage. Ja, wir stünden auf dem Schatz von La Buse, der hier irgendwo unter unseren Füssen sein würde, meinte ich. Ich erzählte ihm auch davon, dass ich vor einigen Tagen einen uralten, verrosteten Anker gefunden hätte. Sofort war er Feuer und Flamme, und sein ihm angeborenes Fieber als Schatzsucher loderte auf. An einer Stelle, die ich mir mit viel Glück zutrauen würde wieder zu finden, war ich mit dem Zeh im Sand hängen geblieben. Diesen Stein, an dem sich womöglich auch andere verletzen könnten, wollte ich am besten gleich ausgraben. Schnell stellte sich heraus, dass es keiner dieser Granitbrocken, sondern etwas aus Metall war. Sehr rau, sehr verrostet, im ersten Anschein so etwas wie eine Eisenstange. Eckig, etwa 3-4 cm dick. Ich grub etwas tiefer, um es auszuhebeln. Nach etwa 10 cm zeigte sich eine Querstrebe. Ich grub weiter, so weit es mit Händen und Palmenrinde eben geht. Ich hatte den Eindruck, dieser vermeintliche Anker würde schon ganz leicht wackeln, aber er war endlos schwer, und ließ sich nicht herauswinden. Schließlich würde ja am unteren Ende noch der Ankerbogen sein. Also unterließ ich weitere Bemühungen.

Robert Graf war erfreut, dass sich jemand für Details zu seiner Suche interessierte, und zeigte uns die Schatzkarte. Wir hatten einige Anmerkungen, die ihm wohl gefallen haben, denn er erklärte uns in insgesamt 3 Stunden seine Gedanken und Schlüsse über die Rätsel, die La Buse der Nachwelt aufgebürdet hatte. Die in den Felsen sichtbare Karte müsse man sich mit einem mystischen Hintergrund vorstellen,

Jason und die Argonauten wären das Vorbild. Einige Felsen hatten merkwürdige schwarze Flecken. Einige sahen natürlich aus, andere offensichtlich vom Mensch gemacht. Und es war eine Kompassrose in einem flachen Felsen eingraviert. Darum herum standen einige größere Felsen, die alle eine Markierung hatten. Meiner Meinung nach eindeutig wie Kimme und Korn zur Dreieckspeilung. Ich fragte ihn, ob er mit Schnüren schon alle Markierungen miteinander verbunden hätte, denn aus all diesen Punkten müsse sich ein dreidimensionales Bild ergeben, inklusive wie tief der Schatz vergraben ist. Er grinste, und meinte, deshalb würde er genau hier suchen. Sich unter den Granitfelsen durchgraben, wo es vor 300 Jahren Hohlräume gegeben habe, wo der Schatz stecke. Dies wäre nun etwas schwieriger, weil mittlerweile der Fundort unter der Meeresoberfläche läge.
Einige seiner Erläuterungen und Rückschlüsse hielt ich für ziemlich waghalsig. Ein letztes Mal vor dem Abschied blickte ich noch einmal durch die beiden Felsen mit Kimme und Korn. Die zeigten genau an die Stelle, wo ich den Anker gefunden hatte.

Im Flugzeug erfuhr ich noch mehr über La Buse, aus Prospekten und Büchern von Mitreisenden. Der Großteil seiner Beute geht auf die Nossa Senhora do Cabo zurück, die er 1721 gekapert hatte. Sie war unterwegs nach Goa, damals portugiesische Kolonie. Der wertvollste Bestandteil des Schatzes war ein großes, mit Edelsteinen besetztes goldenes Kreuz. Es traf mich wie ein Blitzschlag, ein Stich in die Magengrube, binnen einer Sekunde lief mein Gesicht dunkelrot an! Mein Anker hatte einen kleinen Makel gehabt, es fehlte die Ankerschlaufe! Seitdem bilde ich mir ein, ich hätte den Schatz von La Buse bereits in den Händen gehabt!

Neulich an der Autobahnraststätte

Es heißt ja oft, Deutschland wäre eine Servicewüste. Dies kann ich so nicht unbedingt bestätigen, denn neulich an der Autobahnraststätte widerfuhr mir geradezu Unglaubliches:

Diese neuartige Erfahrung begann damit, dass sich wie durch Zauberhand die Eingangstüre selbständig öffnete. Es offenbarte sich ein festlicher Saal in üppiger Dekoration, fürstlich mit Spiegeln und Ornamenten geschmückt, großzügiger Beleuchtung, und ein roter Teppich geleitete den Besucher in die Welt der kulinarischen Genüsse. Feinste exotische Düfte durchströmten mein sensibles Sinnesorgan. Gediegene, majestätische Stille lag über dem fast menschenleeren Saal. Ehrfurchtsvoll flüsternd unterhielten sich die wenigen Gäste. Drei Serviceangestellte bemühten sich um mich, um meine Bedürfnisse zu erfahren. Antipasti, Wok, Sushi, Curry, alles was das Herz begehrt stand zur Wahl. Nur leider kein Schnitzel. Es gab auch keine Cola. Also degustierte ich einen Espresso, den mir ein Butler persönlich apportierte, vor die Türe, um zu rauchen. Leider fehlte dort der Aschenbecher. Zum Abschluß meines Besuches gelüstete es mich nach einer Visite des Locus, der sich im Dritten Stock befand. Leider war der Aufzug defekt. Am Eingang befand sich ein Automat, der 50 Cent von mir wollte. Leider konnte er auf 50 Euro nicht herausgeben, was mir etwas gesunde Bewegung bescherte. Nach einem Rundgang zu den netten Servicemenschen im Erdgeschoß gelangte ich zurück in den Dritten Stock, wo ich die Barriere erfolgreich überwinden konnte. Ein angenehm säuselnde Lautsprecherstimme begrüßte mich:" Herzlich willkommen in unseren sanitären Räumen. Diese werden laufend von unseren Mitarbeitern für Sie gepflegt. Wir wünschen Ihnen einen angenehmen Aufenthalt und viel Erfolg bei Ihren Aktivitäten." Tatsächlich wurden die Räumlichkeiten gepflegt, mehrere Personen putzten und schrubbten um die Wette. Jemand polierte gerade die mit Gold verkleideten Wasserhähne. Ich schritt zum Ort der Erleichterung, und begann auszupacken, als erneut die Stimme aus dem Lautsprecher zu säuseln begann: „Bitte achten Sie stets auf die Einhaltung des Zielkorrridors." Meine Bauchmuskeln benötigten eine Weile, um sich zu entspannen, und schließlich nahm der mit Nonapartikeln beschichtete, sich selbst reinigende Urinat meine liquiden Mittel auf.

Die nette Dame im Lautsprecher kommentierte. „Ja, so machen Sie das richtig."

Ich schloß das kleine Geschäft erfolgreich ab, und begab mich zu den Waschbecken, um meine Hände zu waschen. Hinter mir schlich ein älterer Herr vorbei, der diese überflüssige und zeitraubende Tätigkeit übergehen wollte. Kurz bevor er die Tür erreichte, ertönte ein greller Alarm, ein gelbes Blinklicht bellte, und binnen 30 Sekunden war der Mann von mehreren Polizisten umstellt.

Ich verließ die Toiletten wieder, ging die Treppen hinunter, wo nette junge Damen die Gäste persönlich verabschiedeten: „Gerne stehen wir Ihnen zur Verfügung, wenn Sie vielleicht auch andere Körperflüssigkeiten …"

UFO

Mit Jürgen saß ich auf dem Garagendach, um auf UFO's zu warten. Es dauerte auch nicht lange, und schon setzte eine silberne Untertasse zur Landung neben der Wäscheleine an.

Ein Außerirdischer verließ das Raumschiff, und begrüßte uns überschwänglich:" Servus! Ihr habt den Hauptgewinn gezogen! Die Bewohner von Planquadrat 08-15 wurden ausgelost für einen Freiflug. Keine Sorge, dauert nach Erdenzeit nur eine Stunde, wir reisen in Hypergeschwindigkeit im Raum-Zeit Kontinuum".

Natürlich ließen wir uns diese Gelegenheit nicht entgehen, und bestiegen das Ufo. Die Extraterrestrischen waren eine humanoide Lebensform, unisex, und sie sahen alle aus wie geklonte Heidi Klums. Sie erinnerten mich irgendwie an Chaldassianer, denn auch sie hatten etwas auf der Stirn, das aussah wie eine Klitoris.

Die Klitorianer begrüßten uns herzlich, mit einem innigen Kuss auf die Stirn. Captain Tiberius J. Mirk wies uns die Plätze zu, und überreichte uns als Begrüßungscocktail einen Luna Libre. Wir hoben zischend ab, und binnen Sekunden gelangten wir zum Saturn. Dort wurde kurz gestoppt, um unauffällig im Saturnring etwas Müll zu entsorgen. Anschließend sprangen wir mehrmals zwischen Jupiter und Saturn hin und her, um nach einem im All schwebenden rätselhaften Monolithen zu suchen. Eine begeisterte Schar mitreisender Außerirdischer, offenbar ebenfalls Lotteriegewinner, posierte für Gruppenfotos von Io, Europa, Titan, und sämtlichen weiteren Monden des Jupiter und Saturn.

Der Maschinist Scrolly muss es wohl etwas übertrieben haben, denn plötzlich zuckte ein greller Lichtblitz durch das All. Ein grünes Ufo kam auf uns zu, und wir mussten 150 Blaue als Strafe für innerplanetarische Geschwindigkeitsüberschreitung bezahlen. Die Klitorianer kommentierten dies mit Geräuschen, die wie ein starker Anfall von Meteorismus klangen (pffffrrrt....).

Plötzlich ertönte roter Alarm, anschnallen, Kotztüten auspacken!
Ein Trupp getarnter Bimbonen-Warbugs griff uns an. „Wollt Ihr auch ein bisschen Bimbonen-Ballern?" fragte uns der Waffenoffizier Leutnant Borf. Nachdem wir bisher nur selten die Möglichkeit gehabt hatten, mit Photonentorpedos, Blitzpistolen, oder anderen Buff-Bumm-Peng-Granaten zu schießen, spielten wir gerne mit.

Nach überstandener Raumschlacht war den Klitorianern nach Entspannung. „ Wir sind zur sonntäglichen Gang-Bang-Party hinterm Uranus eingeladen", erklärte uns Leutnant Juhura. Offenbar ist dies der

Grund, warum es so viele humanoide Lebensformen in der Galaxis gibt. Um zu vermeiden, dass unsere Ohren assimiliert würden, wurden wir davor gewarnt, uns mit Andy Borg einzulassen. Nach schönen Stunden traten wir die Rückreise an.

Im Erdorbit erlaubten sich einige übermütige Klitorianer einen kleinen Scherz. Sie bohrten an einem herumschwebenden Space Shuttle einige Hitzekacheln an.

Schließlich landeten wir wieder neben der Wäscheleine. Nach einem herzlichen Abschied mit intensivem Stirnkontakt wurde uns ein Souvenir überreicht, ein bimbonischer Disruptor. Meinen habe ich in mein Auto eingebaut. Fahren Sie besser nicht in Schleichfahrt vor mir her!

Fussball

Um unser aller Fußballtrauma aus der WM 2006 zu beheben, ein kleines Gedankenspiel:
Getreu der Chaostheorie kann der Flügelschlag eines Schmetterlings im Amazonas ein Gewitter in Europa auslösen. Was wäre passiert, wenn bei der WM 2006 im Halbfinale Italien-Deutschland ein kleines Detail anders gewesen wäre? Wäre ein einziger Grashalm umgeknickt gewesen?

Der Ball wäre womöglich einen Millimeter weiter nach links in Richtung Grosso's Fuß gerollt. Er hätte die Kugel nicht mehr mit dem Innenrist getroffen, die Flugkurve wäre anders verlaufen. Pfostenknaller, kein Tor! Anschließend kommt es zum Elfmeterschießen. Lehmann und Buffon erweisen sich beide als Elfmeterkiller, 2:2 steht es nach den ersten 5 Schützen. Die Spannung steigt ins Unermessliche, von nun an entscheidet jeder Schuss über Sein oder Nichtsein. Als Friedrich den siebten Elfer verschießt, hält das Stadion die Luft an. Bislang hatte Deutschland stets vorlegen können. Gattuso läuft mir üblich grimmiger Miene zum Todesstoss an. Er rutscht aus, der Ball geht über das Tor, Gattuso muss verletzt aufgeben. Nachdem alle Feldspieler durch sind, knallt Lehmann seinem Torwartkollegen Buffon den Ball an den Kopf, kein Tor. Der schwankende Buffon nimmt alle Kraft zusammen, um seinen Schuss gegen Lehmann auszuführen. Es kommt nur ein Schüsschen zustande, den Lehman problemlos hält, aber er kracht mit dem Kopf gegen den Pfosten. So kommt es, dass zur Fortsetzung dieses Krimis nur noch 9 Spieler pro Verein antreten. Gattuso und Buffon gehen ebenso vom Platz wie Lehmann und Metzelder mit einer Muskelverletzung.
Von nun an wird jeder Schuss ein Treffer. Weder Pirlo im Tor der Italiener, noch Mertesacker im deutschen Tor bekommen je einen Ball zu halten. Del Piero und Odonkor müssen verletzt ausscheiden. Beim Stand von 50:50 erwischt es auch Schweinsteiger und Iaquinta, kurz später folgen Lahm und Gilardino.
Im Morgengrauen vor tief schlafenden Zuschauern steht es 213:213. Am Platz stehen nur noch Ballack und Totti. Immer abwechselnd schießen sie aufeinander, in einem Duell, das die FIFA am High Noon abbricht. Noch immer steht es 213:213. Seit Stunden war kein Tor mehr gefallen. Da beide Spieler kaum mehr aufrecht gehen können, kommt kein gefährlicher Torschuss mehr zustande. In einer Dringlichkeitssitzung kommt die FIFA zu einem weltbewegenden Entschluss. Da keine Entscheidung zustande kam, kein Wiederholungsspiel möglich ist, und beide Mannschaften kein

92

komplettes Team mehr aufbieten können, dürfen beide Teams gemeinsam in das Finale einziehen. Diese Squadra Azzurra-Bianca nennt sich ITLAND. Nachdem sich das zweite Finale ähnlich dramatisch verläuft, heißt der Finalgegner FRAPOR. Leider kann Materazzi verletzungsbedingt nicht antreten, so dass niemand Zidane beleidigt. Weltmeister wird somit FRAPOR.

Nach der WM kommt es zu weltweiten Verbrüderungen. Eine Euphorie in bislang unbekanntem Ausmaß erfasst den Globus. Fans aller Länder liegen sich in Verzückung singend in den Armen, ehemals verfeindete Staaten nehmen diplomatische Beziehungen auf. Mehrere Länder treten in der Folge bei Testspielen gemeinsam auf.

Es beginnt eine gemeinsame Mannschaft aus Schweden und Dänemark, die sich SCHWEDÄN nennt. In einem Spiel gegen das United Kingdom zeigt sich SCHWEDÄN wenig durchschlagskräftig, so dass im Rückspiel alle skandinavischen Länder gemeinsam antreten: SCHWEDÄNFIWEGEN gegen das umbenannte NORTHERN ENGSCHOTTWALESLAND.

Russland und Kazachstan (RUSSKAZ) bestreiten ein Spiel gegen eine Mannschaft aus CANADUSA.

Ein Konglomerat mehrerer Mittel- und Südamerikanischer Staaten EL COSTA COLOMBIA gewinnt gegen Paraguay mit Bolivien (PARABOL). Anschließend sucht sich Paraguay neue Partner, spielt zusammen mit Zypern und Moldawien, und nennt sich PARAZYPAMOL.

Die Schweiz und Österreich änderten nach einem ersten Anlauf ihren Namen. Aus ÖSTERSCHWYZ wurde letztlich SCHWEIZREICH. Diese trat im ersten Spiel gegen Georgien-Armenien an (GEORGARM), und anschließend wagten sie sich an Argentinien-Armenien heran (ARGARM).

ESTLETTWEGEN scheiterte in der Qualifikation gegen ISIRRLAND.

ARGENTILE fegte SRI INDISTANDESH vom Platz.

In der Nachostgruppe spielte IRAIRAGHANISTAN gegen OMA ARABIA.

In Südamerika kam es zu Begegnungen zwischen PERUZIL und VENEGUYASURINAM

In einer Weltauswahl kamen Spieler aus Peru, der Türkei, und Brasilien zusammen, und mischten die Afrikaauswahl auf unter ihrem Namen PETÜRSILIEN.

Sie besiegten NAMIGOLA, KAMERGOLA, KENIGANDA, MALINIGER, NIGERTOGOAFRIKA, SOMALIKENIA, SIERRA ELFENBEIN, und last but not least GHANABIQUEBABWEZANIAENIA.

In Freundschaft reichten sich Griechen und Türken die Hand, jedoch konnten sie sich nicht auf einen gemeinsamen Namen einigen. GRIETÜ wurde ebenso verworfen wie GRIECHEI oder TÜRKENLAND.

In der Zwischenzeit vergnügten sich WEISS UKRAINIEN mit POLAND, und NIEDERREICH mit BELSPA.

Israel spielte mit einigen Nachbarstaaten zusammen, und sie qualifizierten sich als ISSYRÄGYLIBASAU.

In einer dramatischen Begegnung unterlag Australien-Island (AUSIS) gegen ein Team aus den Yugoslawischen Ländern SERBOCROBOSNISLOKOSOVOMAZEDO.

Das Land der aufgehenden Sonne versuchte es mit mehreren Koalitionen, so kam es über JAPINAOREA schließlich zu JAPONGOLEI.

PHILIPPINDOLAISIA unterlag gegen THAIBURNAM.

So wurde die kommende Weltmeisterschaft zu einem wahrhaft globalen Ereignis, denn in irgend einer Form nahmen alle Staaten daran Teil. Weltmeister wurde:

OMA-ARABIA-ARGREICH-ISSYRÄGYLIBASAU-THAIBURNAM-SRI-INDISTANDESH-RUSSKAZ-CANADUSA-GHANABIQUEBABWEZANIAENIA-KAMERGOLA-MALINIGER-SCHWEIZTÜRK-ITLAND.

Hochzeitsrede für einen Freund

Liebe Braut,
liebe Hochzeitsgäste,

gerne würde ich zu diesem heiligen Anlass die Gelegenheit ergreifen, Euch einen Einblick in das Leben und die Wesensart des Bräutigams zu geben, der womöglich völlig verkannt wird:

Es war einmal vor langer, langer Zeit in der schwarz-braunen Dreiflüssestadt Passau....

Die erste Begegnung mit dem Bräutigam hatte ich im Dom zu Passau, in einer heiligen Andacht. In tiefer Demut saß er neben mir, die Schultern nach vorne gebeugt, entrückt säuselte er in stiller Zurückhaltung das Halleluja!

So war es jeden Sonntag morgen, während andere Studenten nach sinnlos langen Nächten, mit Kater oben und unten, noch immer der Realität entrückt im Halbschlaf dämmerten.

Nach dem Kirchgang und zwischen den intensiven Lernphasen verblieb uns die selige Genugtuung, unsere Zeit mit tiefen philosophischen Gesprächen zu verbringen. In Geselligkeit von Earl Grey und Bridge-Karten überzeugten uns seine logischen, stets frei von jeder Emotion dargebrachten Einblicke und Darstellungen vom Wesen des Seins.

So verbrachten wir zielstrebig und hoch motiviert unsere Studienzeit. Nichts konnte uns von unserem vorbestimmten Wege abbringen.
Der Bräutigam war von Beginn an Mitglied im Club der Passauer Asketen.
Seine Zurückhaltung gegenüber dem weiblichen Geschlecht war stets vorbildlich, über die Stadtgrenzen hinaus bekannt.
Während andere Studenten die heißen Sommertage am Freibad verbrachten, widersetzte sich der frisch Vermählte dem Besuch dieses Sündenpfuhls.

Beim Fußball spielen war er der Fairste, und er konnte über den kranken Ehrgeiz anderer Spieler hinwegsehen. Seine Schuhe waren immer sauber geputzt. Dank Malzbier und ausgewogener Ernährung war er stets in Bestform.

Der Hörsaal war sein Zuhause. Jeder kannte ihn. Die Professoren begrüßten ihn persönlich. Sein Platz in der ersten Reihe wurde voller Ehrfurcht von den Studienkollegen nie besetzt. Seine konstruktiven Beiträge zur Sache bereicherten jede Vorlesung. Die tiefe und über Jahre gewachsene Freundschaft zum Bibliothekar war legendär.

Bestand er eine Prüfung im ersten Anlauf nicht, suchte er NIE den Fehler bei den Professoren. Die persönliche Entschuldigung der Professoren, die falsche Frage gestellt zu haben, nahm er ohne grosses Aufheben hin.

Berühmtheit erlangte er durch die Erweiterung des Stackelberg-Ansatzes zur unendlichen Preisdifferenzierung im Monopolfall. Leider konnte der zuständige Professor die Tragweite dieser Entdeckung bis heute nicht erkennen.

Die leicht über dem Schnitt liegende Studienzeit erklärt sich aus dem sozialen Engagement und der Intensität, mit der Max Probleme seiner Mitmenschen löste. In den sozialen Anlaufstellen Nibelungenhalle, Innsteg und Aquarium war sein Wirkungskreis. Einmal unterstützte er tatkräftig die Polizei bei einer nächtlichen Kontrolle von angetrunkenen Autofahrern. Stadtbekannt war auch sein Ausflug auf Toms Motorrad, der direkt ins Krankenhaus führte.

Im Passauer Malzbier-Marathon belegte er mit 9 Flaschen pro Stunde Platz 2.

Wie nicht anders zu erwarten war, hast Du konsequent Deinen lang gehegten Wunsch, eine Familie zu gründen, erfüllt.

Wir danken Dir an dieser Stelle für die besinnliche Studienzeit, und wünschen der jungen Familie dauerhaftes Glück und Gesundheit!

Die Passauer

Brief an Beate Uhse

Diesen Brief hatte ich so ähnlich tatsächlich geschrieben. Er blieb zwar leider unbeantwortet, aber eines Tages erhielt ich ein Gratispaket. Vielleicht als kleines Dankeschön für das Vergnügen, das die Jungs in Flensburg beim Lesen meiner Reklamation hatten:

Sehr geehrte Frau Uhse,
liebe Beate,

neulich wurde mir anlässlich meines Geburtstages von meinen Freunden ein Werkzeug meiner Lust überreicht. Sie hieß Jacqueline. Leider muss ich Ihnen mitteilen, dass ich mit Ihrem Produkt nicht zu 100% zufrieden bin.

Als erste Enttäuschung musste ich beim Öffnen der Verpackung feststellen, dass keine Pumpe beilag. Bis meine neue Freundin Kraft meiner Lungen einsatzbereit war, hatte ich keine Lust mehr.
Zweitens lag keinerlei Gebrauchsanweisung bei. Glücklicherweise erhielt ich einige brauchbare Hinweise von Freunden und Bekannten.
Einen nächsten Mangel sehe ich im Fehlen einer Wasch- und Pflegeanleitung.
Positiv möchte ich an dieser Stelle anmerken, dass ich mit Entzücken bemerkte, dass meine neue Freundin über drei Öffnungen verfügt. So ist ein Waschen zumindest nur alle drei Tage nötig.
Es wäre hilfreich, wenn Sie mir einige Verhaltensregeln, Anwendungstipps, und Pflegehinweise geben könnten. Denn ich möchte mich nicht gerne auf den Rat meines Freundes Walter verlassen müssen, der eine leider nur sehr kurze Zeit mit Jacquelines Schwester Babette verbracht hatte. Wenn seine Eltern nicht zu Hause waren, manchmal auch Nachts um drei, wusch er Babette in der Badewanne. Zum Trocknen hängte er sie über Nacht auf der Wäscheleine im Innenhof auf, und stellte sich den Wecker auf eine sehr frühe Zeit, bevor Eltern oder Nachbarn aufwachen würden. Diese Prozedur hat Babette nicht lange ertragen, und so hauchte sie schon bald Ihren letzten Atem aus. Walter war im Anschluss daran wieder vermehrt auf seine wesentlich anspruchsvollere Freundin, und auf wirksame Migränemittel, angewiesen.

Viertens scheint Jacqueline in der breiten Bevölkerung auf Vorurteile zu stoßen. Schon öfter fiel mir auf, dass die auf meinem Beifahrersitz befindliche Jacqueline mit Missachtung betrachtet wird. Neulich in der Allianz-Arena wurde ihr sogar der Eintritt verwehrt!

Eine Imagekampagne von Ihrer Seite für mehr Akzeptanz und Respekt in der Gesellschaft wäre wünschenswert. Umsatz steigernd würde sich sicher auch ein Produkt-Relaunch mit Überarbeitung von Jacquelines einfältigem Gesichtsausdruck auswirken. Um sie zwischenzeitlich kosmetisch etwas aufzuwerten, habe ich sie im Gesicht mit Nivea-Creme bekleckert.

Nach einigen sozialen Spannungen entschied ich mich, Jacqueline (nach einem ausgiebigen Bad) meinem Freund Max zu überlassen. Da er zu diesem Zeitpunkt nicht anwesend war, läutete ich bei all seinen Mitbewohnern im dortigen Studentenwohnheim, ob sie Jacqueline für ihn aufbewahren könnten. Schließlich platzierte ich sie vor seiner Wohnungstür, versehen mit einer Notiz um den Hals: „Danke fürs Ausleihen." Einige Tage später rief mich Max verärgert an. Jacqueline wäre eine Hexe! Zuerst hätte sie ihn mit eisiger Missachtung bestraft. Dann habe er sie gezwickt, woraufhin sie ihn wild anzischte. Sie flog dreimal um das Licht und zum Fenster hinaus. Seit diesem Passauer Fenstersturz wurde Jacqueline nie wieder gesehen.

Es würde mich freuen, wenn Sie das Produkt auch in weiteren Aspekten verbessern würden, etwa in puncto Belastbarkeit und Langlebigkeit. Die Verwendung neuer, gefühlsintensiver Materialien wäre eine zusätzliche Anregung. Womöglich ließe sich durch den Einsatz moderner Technik auch ihre laszive Passivität beheben.

Bis diese neue Generation zur Verfügung steht, werde ich gerne weiterhin ein treuer Abnehmer Ihrer Filmchen sein!

Beste Grüße aus Passau

Conny X.
(Treckerfahrer)

Bewerbungsschreiben an hotbabe23

Sie suchen eine Zweitfrau? Kein Problem!

Stellen Sie unter einem Pseudonym Ihr Profil in eines dieser Internet-Foren, wo Sie sich und Ihre Vorlieben, Ziele und Wünsche zum Ausdruck bringen. Zum Beispiel „Einsamer sucht Einsame zum Einsamen", oder „Suche Partnerin mit überragenden Nehmerqualitäten, idealerweise nur halb so alt wie ich". Natürlich können Sie auch schreiben: „Partnerin gesucht für anspruchsvolle Diskussionen über den Sinn des Lebens (nach dem Austausch von Körperflüssigkeiten)".

Im zweiten Schritt suchen Sie Ihr(e) Zielobjekt(e), und durchforsten diverse Frauenprofile. Unglaublich, was es alles gibt, und was die Menschen suchen!
Hier zeigt sich am Besten, dass kein Drehbuch so gnadenlos direkt ist wie das wahre Leben:
Im Profil eines Paares fand sich „Wir suchen Ihn oder Paar für möglichst spritzige Treffen, bitte schreibe, was genau Du anstellen würdest". Aber gerne schrieb ich eine wissenschaftliche Abhandlung über das, was ich an einem perfekten 8-Stunden-Tag so alles mit ihr anstellen würde. Das muss gut angekommen sein, denn es folgte ein kurzer Mailwechsel, letztlich mit dem Satz: „Okay, wir möchten Dich gern einladen. Kannst Du noch einen Freund mitbringen?".
Eine andere Frau hatte inseriert: „Wer nimmt mich von hinten, während mein etwas älterer Freund zuschaut?".
xxx1980 aus Bremen sucht" Mann zum Ausleben gewisser devoter Neigungen, bis zum Schluss".

Wenn Sie Ihr potentielles Zielobjekt entdeckt haben, senden Sie ein Bewerbungsschreiben an Ihre Angebetete, ungefähr so:

Hi hotbabe23,

habe gerade Dein Profil entdeckt, und bin Feuer und Flamme!

Wunderschöne Fotos, frech, adrett, supersexy, und doch mit Stil und Klasse. Sehr ansprechend, sehr erotisch!

Liebend gerne würde ich ein 23-jähriges hotbabe, blond, mit braunen Augen, kennenlernen.

Als Zielvorstellung von "jünger als ich, bis nicht älter als 45" hast Du ein Spektrum angegeben, das perfekt zu mir passt, ich biete Dir sogar beides: Ich bin 40, Zwilling, also ist jeder von uns beiden 20 ...

Die von Dir angegebenen erotischen Vorlieben sind ebenfalls stimmig: Auch ich habe ein Faible für „Linguistik" (mein Spitzname ist Conny Lingus).
Auch ich muss nicht unbedingt Analsex haben. Es ist aber OK, wenn Frau mich darum bittet. Oder anfleht. Oder mich mit Nachdruck dazu auffordert!
Rollenspiele habe ich auch gern, sofern es nicht in richtigen SM ausartet. Ich spiele gern Butler James, Napoleon Encoreunefois, oder den Superstar Evenmorecum.
Fesselspiele finde ich Klasse! Ganz gerne binde ich Dich an einen Baum, Liftmast, Laternenmast, Segelmast, etc.
Auf Dildospiele stehe ich nicht. Das mach mal lieber alleine.
Swingerclub war ich noch nie. Also ein Experiment, das noch dringend aussteht. Freue mich deshalb, dass Du es angeklickt hast.
Sex an ungewöhnlichen Orten, ja, das ist auch für mich der ultimative Kick, und ist natürlich das, worum es im Leben geht! Liebe, Freiheit, Abenteuer! Ich war neben gewöhnlichen Orten wie diverse Strände in diversen Ländern, Wald, Wiese, Auto, See, Park, Spielplatz, auch schon in Schwimmbad, Disco, Sauna, ... Im Restaurant im Olympiaturm München gab es früher Tischdecken bis zum Boden, man konnte herrlich abwechselnd auf Tauchstation gehen.

Eine noch immer offene Phantasie ist mein perfekter Skitag:
Die Sonne geht langsam über den verschneiten Bergen auf, während Du Dich in der Gondel grinsend zurücklehnst und genießt.
Im anschließenden Sessellift darf ich die Wärme Deiner Lippen genießen. Dann nehmen wir Deine Ski ab, und Du darfst einen Ritt wagen.
Im Schlepplift wird es technisch schwierig. Es geht wohl nur manuelles Warmhalten. Es sei denn, Du kannst rückwärts Schlepplift fahren???
Dazwischen erlauben wir uns ein Intermezzo im Wald mit multiplen Stellungswechseln.
Dieses Spiel ziehen wir den ganzen Tag hin.
Den krönenden Absch(l)uss stelle ich mir wieder in einer Gondel vor.
Nach einem Strip eine ausgiebige Ganzkörperbesamung.

Für einen Einblick in mich als Kurzversion:

Bin verheiratet, 40. Suche schöne und prickelnde Affaire. Spiel und Spaß, nehmen und nehmen lassen ...
Biologische Grundausstattung, sowie Kenntnisse und Fähigkeiten vorhanden.
Optisch bin ich eine Mischung aus Quasimodo, Smeagol und Richard Gere. Von Richard Gere habe ich die drei grauen Haare neben dem Ohr.

Langversion:
Als typischer Schizo-Zwilling will ich stets das Gegenteil dessen, was ich grade habe (vielleicht kommt Dir das ja bekannt vor). Mein grober Lebensplan sah einst ungefähr so aus: Bis 35 austoben, dann Family. Mit 40 ein Jahr Auszeit, ein Buch schreiben, Porsche kaufen, noch ein paar Jahre arbeiten, aber bloß kein Stress mehr.
Mit 80 beim Sex mit 3 Frauen plötzlich tot umfallen.

So kams dann:
Ja, bis 25 hab ich mich ausgetobt. War eine tolle Studienzeit, voller Experimente ...
Dann habe ich meine jetzige Frau kennengelernt, und ich wurde sesshaft. Erst haben wir noch diverse Strände unsicher gemacht (wir haben in Hula-hula auf Maui geheiratet), heute kaum noch das verdunkelte Schlafzimmer (OK, das ist etwas übertrieben dargestellt).
Den Porsche hab ich mir als Matchbox-Auto gekauft. Mein Jahr Auszeit habe ich ausfallen lassen, könnte aber sein, dass das ohnehin bald zwangsweise kommt, ich glaub, die Firma gibts nimmer lang. Immerhin mein Buch ist fertig geworden, fehlt nur noch ein Dummer der es abdruckt. Bleibt noch die Suche nach der idealen Ergänzungsbeziehung. Wenn ich mal 80 bin, bitte 2 Freundinnen mitbringen.

Wie Du siehst, ich liebe Schwarzen Humor. Und ausgiebigen Sex. Hab mal Leistungssport gemacht, erst geturnt, dann dachte ich mir, ein Marathon wäre mal was. Will damit ausdrücken, "gut erhalten", und paar rudimentäre Muskelfasern zucken noch gelegentlich auf.
Beim Sex ist mir ein kuscheliger Dauerlauf mit Zwischensprints lieber als ein 100m-Lauf.

Würde Dich sehr gern kennenlernen, für schöne Spielchen, neue Entdeckungen, ... der Unberechenbarkeit eines typischen Zwillings. Was auf bunten, vielfältigen Sex hinausläuft. Zumindest sexuell weiß der Zwilling ganz genau, was er will:

Ich liebe in erster Linie Oral. Freilich auch bei mir (...), meinte das aber jetzt anders herum. Man hat so seine Leidenschaften, meine ist es, eine Frau an den Rand des Wahnsinns zu bringen. Perfekter Sex entwickelt sich nach „linguistischer Hingabe" zu einem Wechselspiel aus Oral und Penetration, ein verspielter Dauerlauf mit Zwischensprints.

Als Krönung das Ganze an einem spannenden Ort ... (muss aber nicht sein, Hauptsache wohlfühlen, oder ???)

Ich suche nichts Ausgefallenes. Einfach eine schöne Affaire, mit ein bisschen Kick vielleicht?

Willst Du mir etwas über Deine Hobbies / Sonstige Vorlieben angeben? Ich finde, wie jemand seine Freizeit verbringt, was ihn antreibt, Ziele&Wünsche, das sagt am Meisten über eine Wesensart aus, und ob es zusammenpasst ... für erfüllte Zeiten.

Muss aber auch nicht sein. Schließlich wollen wir nicht heiraten, oder???

Bin übrigens beschnitten. Erwähne ich zur Erhöhung meiner Chancen, weil es Euch meist besser gefällt.

Und noch ein Hinweis zum Absch(l)uss: Nicht nur meine verbalen Ergüsse fallen meist recht ergiebig aus. Stehst Du da drauf ???

Würd mich freuen, wenn Du antwortest!

Liebe Grüße

saftsack40

TEIL 2

GEDANKEN ZUM LEBEN

Lebensweisheiten

Mögen die folgenden Erkenntnisse und Anmerkungen über das Leben dem werten Leser helfen, den Weg der Weisheit und des Glücks zu finden... Nicht vergessen: Der richtige Weg ist der mittlere!

„Lass Dich nie von Emotionen leiten, denn die reiten Dich nur in die Scheiße"
(Mein lieber Freund und ehemaliger WG-Mitbewohner, der in diesem Buch Cem genannt wird, heute Anwalt. Gültig als allgemeine Lebensregel für Liebe und Leben, Arbeit und Soziales. Geäußert gegen 3:00 am Morgen anlässlich des Strategiespiels „Risiko". Bis heute habe ich es nicht verwunden, dass mir die Ressourcen des Restes der Welt nicht ausreichten, um die Ukraine niederzuringen.)

„Es ist nicht pervers, sich gelegentlich einen Porno anzusehen. Es ist allerdings pervers, sich jedes Mal den SELBEN anzusehen"
(Mein lieber Freund und ehemaliger WG-Mitbewohner, der in diesem Buch Tom genannt wird, heute Controller eines Versicherungskonzerns. Hintergrund ist die „P-Kassette" in unserer WG. Als arme Studenten hatten wir eben nur eine. Als Ausgleich genug Möglichkeiten zur Recherche am lebenden Objekt.)

„Ab und zu ist eine gesunde Portion Pragmatismus angebracht"
(Mein lieber Freund und ehemaliger Studienkollege, der in diesem Buch Max genannt wird, heute ein höheres Tier in der Investmentbranche. Scheinbar wurde in der Investmentbranche zuviel Pragmatismus angebracht, ... oder die Jungs ließen sich bei gewissen Investments von Emotionen leiten! Den Ursprung hat dieser Spruch im PC-Spiel „Bundesliga-Manager", anlässlich der Entscheidung zum Transfer von Anthony Yeboah.)

„Frauen sind härter als Männer"
(Mein lieber Freund und ehemaliger Studienkollege, der in diesem Buch Axel genannt wird, heute selbständiger Computerexperte. Hintergrund waren Diskussionen zu sexuellen Praktiken, und wer wie weit geht beim Austausch von Körperflüssigkeiten aller Art. Gerne darf jeder selbst darüber sinnieren, denn ich möchte kein Buch schreiben, das am Ende „ab 18" ist oder auf dem Index.).

„Die Engländer sind die Amerikaner Europas"
(Mein lieber Freund, der in diesem Buch Alfi genannt wird, heute leider aus den Augen verloren. Kommentar über zeitgeschichtliche und

geographische Kenntnisse zweier Mädels, die wir in den 90er Jahren in Portugal kennen lernten. Als wir meinten, wir wären aus Deutschland, fragten sie, „aus Ost- oder Westdeutschland?". Meine Antwort war „aus dem Süden, Republik Bavaria", was sie völlig verwirrte. Alfi´s Erkenntnis ist besonders bemerkenswert, da die beiden „Engländerinnen" aus <u>Dublin</u> waren.)

„Hast schon gehört, der R. hat Forsizien"
(Soviel zu falschen Gerüchten im Dorf! Das richtige Wort wäre gewesen: Hämorrhoiden.)

„F. siegt in der Rivalität mit T. meistens, da sein Bett nicht so stinkt"
(Hals News, Gitti, Eve, Kirsten (Herausgeber), Einmalige Ausgabe, Juli 1992, ohne Seitennummerierung)

„Der Busen (Anm.: vermutlich sind damit Brüste gemeint) ist eine Fettschicht mit Hautschicht drüber, und zwei Brustwarzen drauf"
F.H. zitiert in: Hals News, Gitti, Eve, Kirsten (Herausgeber), Einmalige Ausgabe, Juli 1992, ohne Seitennummerierung)

„Wenn nach dem Abspülen noch etwas Dreck an einer Gabel hängt oder in einem Topf ist, ist das doch egal. Das kocht sich schon raus, und das bisschen Rest macht einem nichts"
(Unsere WG-Mitbewohnerin Jule, wegen chronischer Darmprobleme sehr oft bei diversen Ärzten)

„Wenn man Sachen, die isoliert betrachtet gut schmecken, zusammen verkocht, kann das Ergebnis gar nicht schlecht ausfallen"
(Das Motto der WG, mit den Kreationen „Pampa al Resto" oder „Ramba Forzinosa", die meist das Prädikat „Besonders bei Hunger essbar" oder „Magen füllend" erhielten.
Krönung: Pfannkuchen mit Knoblauchspinat, Camembert, Bananen, Erdbeeren und Marmelade, mit reichlich Jack Daniel´s gebadet. In keinem Fünf-Sterne-Restaurant habe ich je derartig gustiöses serviert bekommen.)

„Für das Geld kannst nicht mehr erwarten"
(Kommentar von mir in einer Diskussion in der Firma, warum wir Angestellte so viele Fehler machen. Seitdem habe ich in der Arbeit Witzverbot. Aber eigentlich war das gar kein Witz.)

„Der Pilot macht die Linkskurven, und der Co-Pilot die Rechtskurven"
(Mein Vater zu einer Oma im Flugzeug, die ihren ersten Flug hatte. Ob sie auch glaubte, dass der Hinflug deshalb schneller gehen würde, weil wir ja nach Süden fliegen, also bergab?)

„Männer wollen Sex haben, DAMIT es ihnen gut geht.
Frauen wollen Sex haben, WENN es ihnen gut geht."
(Madame X. aus den Lila Seiten)
Das ist der Stein der Weisen, die große Erkenntnis. Diese Aussage liefert für beide Seiten die entscheidenden Ansatzpunkte:
Männer müssen dafür sorgen, dass es Frau gut geht. Wenn Frau finanziell, sozial, gesundheitlich, haushaltstechnisch, bestens versorgt und abgesichert ist, und frei von allen Sorgen, ist sie paarungsbereit.
Nicht zu unterschätzen ist der Punkt „soziale Absicherung/Status", der in jungen Jahren als Partnerin des coolsten und sportlichsten Typen erreicht wird, in den Folgejahren als Partnerin des coolsten mit dem sportlichsten Auto, auf der Uni als Partnerin des Mannes mit den größten Erfolgsaussichten, später ist der ideale Partner ein wohlhabender VIP–Rundumversorger.
Frauen brauchen nichts weiter zu investieren als weiblich und verfügbar zu sein, wir sind genügsam.

Fazit: Sex löst ALLE Probleme!

Mütter und Väter

Man sagt, Männer könnten nicht mehr denken, wenn sie geil würden, da ihnen das Blut aus dem Kopf läuft. Diese Anmerkung hat zwei Denkfehler:
Erstens sind in der Gesamtbetrachtung weibliche Schwellkörper voluminöser als unsere. Frauen läuft also mehr Blut aus dem Kopf.
Zweitens ist der Zustand der Geilheit ein Vorübergehender. Wenn Frauen zu Müttern werden, hält der blutleere Zustand mindestens 20 Jahre an.

In weisen Büchern über „Vater sein" finden sich nette Anmerkungen wie ... „Sie werden mehr Liebe erfahren, aber weniger Sex haben", oder „Sie werden nie mehr alleine sein". Was Frauen mit einem großen, entzückten Seufzen realisieren, ist für Männer ein Schock.
In den folgenden Jahren werden Männer zu Stammgästen in sämtlichen Videotheken im Landkreis. Im Endstadium womöglich Stammkunden in einschlägigen Etablissements.

Sie werden weitere Schulden machen, um ein größeres Haus zu bauen, in dem die Kinder auch genug Platz zum Spielen haben. Ein weiterer Ausbau wird nötig sein, damit weitere Schränke Platz finden. Und Sie werden feststellen, dass zwei Kühlschränke nicht ausreichen. Sie werden sich fragen, wie Sie jemals mit nur einer Mülltonne ausgekommen sind.

Ihre Vorratshaltung steigt an allen Fronten. Problemlos könnten Sie einen Spielzeugladen, ein Schuhgeschäft, ein Buchgeschäft, und eine Modeboutique eröffnen.

In den Urlaub werden Sie dann fahren, wenn alle fahren, und wann derselbe Urlaubsort doppelt so viel kostet wie in der Woche davor oder danach.

Genau genommen kann sich die normal arbeitende Bevölkerung Kinder gar nicht leisten, ohne an die Armutsgrenze abzusacken, oder sich aufzureiben. Nachwuchs macht nur Sinn, wenn Sie Familie Superreich sind und fünf Kindermädchen haben. Oder wenn man von der Sozialhilfe lebt. Wenn Sie als Familie mit Kindern die statistische halbe Million für Ihre Kindererziehung ausgegeben haben, und noch keinen Herzinfarkt hatten, bis Sie in Rente sind, können Sie sich mit ansehen, wie die kinderlosen Nachbarn die gesparte halbe Million verprassen. Und die Rente kassieren, die Ihre Kinder einbezahlen.

Bleibt noch die Anmerkung, dass sich Akademiker langsamer fortpflanzen. Weniger gut für das Bildungsniveau, aber gut für die Zukunftsaussichten des Privatfernsehens. In 40 Jahren wird es nur noch Container- und Castingshows geben, und die Chinesen werden uns Lesen und Schreiben beibringen.

Der Sinn des Lebens

Es ist die Zeit gekommen, die Sinnfrage zu stellen. Nach endlosen Nächten hatte ich das Glück, von einem weisen alten Griechen das Geheimnis des Lebens zu erfahren.
Karl und ich waren auf Interrail-Trip, und wir schliefen auf Santorini am Strand. In der Morgendämmerung kamen die Fischer mit ihren Booten zurück. Wir setzten uns auf, und so kamen wir mit einigen Fischern ins Gespräch. Mit drei anderen Fischern fanden wir uns schließlich auf einer kleinen Mauer sitzend wieder, einer hatte etwas Brot und eine Flasche Ouzo mitgebracht. Gegen Ende der Flasche waren wir beim Geheimnis des Lebens angelangt, und so erfuhren wir in mühsamem Englisch: „Dä sicrit of life ... is ... dät där is no sicrit".

Auf dieser weisen Erkenntnis beruht meine eigene Theorie über den Sinn des Lebens, der da wäre: Leben und sich fortzupflanzen. That´s it!

Ausgehend von der Richtigkeit meiner privaten Relativitätstheorie, lässt sich alles menschliche Handeln auf das Wesentliche reduzieren, und die Dinge werden absolut klar:

Die Natur will von uns Männern, dass wir möglichst breit gefächert unsere Gene verteilen.
Ein Mann, der einer Frau netterweise die Tür aufhält, will damit seine Chancen erhöhen, möglichst breit gefächert seine Gene zu verteilen.
Ein Mann, der stundenlang zuhört, und alle Probleme versteht, will damit seine Chancen erhöhen, möglichst breit gefächert seine Gene zu verteilen.
Warum ist Mr. X in der Buchhaltung, der alt und hässlich ist, so rücksichtslos auf seine Karriere bedacht? Weil er alt und hässlich ist, braucht er Macht und Geld, um seine Chancen erhöhen, möglichst breit gefächert seine Gene zu verteilen.
Aus simplen Verhaltensweisen lassen sich weitere Rückschlüsse über das Wesen eines Mannes ziehen:
Ein Mann, der einer Frau die Tür nicht aufhält, hält Sex für nicht so wichtig.
Ein Mann, der in routinisiertem Automatismus jeder Frau die Tür aufhält, ist eine geile Sau!
Ein Mann, der nicht zuhören kann, geht lieber joggen. Es kann aber auch sein, dass der Mann nur gerade nicht zuhören kann, weil Blutleere im Gehirn herrscht.
Ein Mann, der nur auf seine Karriere bedacht ist, ist definitionsgemäß hässlich.

Die Natur will von Frauen, die möglichst besten Gene mitzubekommen. Allerdings spielt hier auch der Versorgungsaspekt eine Rolle, d.h. Genspender und Versorger müssen nicht zwangsläufig identisch sein (ich nenne diesen Störfaktor deshalb den Kuckucksfaktor).

Durch diverse Maßnahmen wie Duftstoffe, Verkleidung, Kriegsbemalung, kosmetische Operationen, soll jede Chance bei jeder Gelegenheit genutzt werden, ein Zielobjekt mit vermeintlich optimalen Genen anzulocken, während der Ehemann noch im Büro an der finanziellen Versorgung der noch zu gründenden Familie arbeitet.

Nach dieser Theorie ist einer Frau auch grundsätzlich nicht über den Weg zu trauen, denn alles ist auf Ambivalenz und Täuschung ausgelegt!

Jetzt aber, nach Bekanntwerden meiner tiefenpsychologischen Theorie über Sinn und Unsinn des Lebens, ist allen Seiten hinreichend klar, worum es geht. Alles wird ganz einfach.

Männer und Frauen müssen sich nicht mehr verstellen, wir können Freunde sein und können offen, direkt und unverblümt miteinander reden.

Komm Baby, lass uns nach Hause fahren!

Dieses Kapitel ist gewissermaßen die Krönung meiner Schöpfung. Es bringt mir entweder den Nobel-Preis ein, oder die Klapsmühle:

Das Universum

Die Physik kennt vier Kräfte, die alle uns bekannten Naturphänomene erklärt, zumindest in unserem Universum:

- die starke Wechselwirkung
- die schwache Wechselwirkung
- die elektromagnetische Wechselwirkung
- Gravitation

Die cleversten Gehirne des Planeten versuchen, diese Kräfte in einer Theorie zu vereinheitlichen. Dies hatte schon Heisenberg vor 80 Jahren mit einer Weltformel in Angriff genommen, und sich dabei wohl etwas übernommen. In diesem Jahrtausend sieht die Stringtheorie recht viel versprechend aus. Stand heute sind die ersten drei Kräfte in der Quantenfeldtheorie unter einen Hut gebracht, nur die Gravitation lässt sich nicht in ein Schema pressen. Auch ist der Nachweis des Gravitons, das theoretisch existieren müsste, bislang misslungen. Sicher ist, oder auch nicht, dass ein Graviton, wenn es eines gibt, die in der Stringtheorie theoretisch notwendigen zehn Raumdimensionen durchqueren könnte. Dies bedeutet, dass seine Wirkung, die sich für uns in der Schwerkraft äußert, in allen Dimensionen zu bemerken ist.

Vielleicht ist das Graviton nur deshalb nicht zu finden, weil es gerade woanders ist. Die Existenz von zehn Dimensionen würde zumindest das Schneckenphänomen erklären: Kaum bückt man sich, husch, husch, sind sie weg! Dagegen ist die Schneckenspur deutlich zu sehen.

Vielleicht kann man das Graviton aber deshalb nicht nachweisen, und die Integration der Gravitation in der Quantenfeldtheorie kann deshalb nicht gelingen, weil es gar kein Graviton gibt! Vielleicht ist Gravitation eine Illusion. Was, wenn die Gravitation nur eine messbare Folge von einer oder mehreren anderen transdimensionalen Kräften ist? Kräfte, die auch die dunkle Materie erklären, die das Gegengewicht zur Gravitation bilden.

Mit „Dunkle Materie" bezeichnet der Physiker etwas Unbekanntes, das er nicht gerne „Etwas" oder „Dingsbums" nennen will. Dies hat mit Kompetenz zu tun. „Strings" sind eindimensionale „Objekte", die vibrieren, und somit kein festes Teilchen sind. Ein String ist also auch ein „Dingsbums".

Überhaupt ziehen sich Irrtümer durch die Geschichte der Physik wie ein roter Faden. Das Wort „Atom" bedeute im Griechischen so etwas wie „kleinstes, nicht teilbares Teilchen". Erst Otto Hahn fand heraus, dass es durchaus teilbar ist. Heute sind nicht mehr feste Teilchen die Bestandteile des Universums, sondern wir sind über weiteres Eindringen in die Tiefen des Atoms über Quarks bei schwingenden Strings angelangt.

Es ist also alles in Bewegung, es gibt keinen festen Zustand (sehen wir von einem Zustand bei 0 K ab).
Wenn es keinen festen Zustand gibt, was ist dann Realität?
Und wenn es zehn Dimensionen gibt, wo ist die Realität?
Sind wir wieder bei Edgar Allan Poe mit der Feststellung „All we see or seem is but a dream within a dream"?

Antwort:
Es gibt unendlich viele Realitäten.
Real ist alles, jedoch nehmen wir nur eine dieser unendlich vielen Realitäten wahr. Die anderen Realitäten ereignen sich in parallelen Universen. In diese können wir leider nicht sliden, so wie das Graviton, falls es eines gibt.

Wir halten als Zwischenergebnis fest:
-   es gibt unendlich viele Universen
-   alles ist real, vor allem das, was wir dafür halten
-   ist etwas nicht real, ist es doch real, aber in einem anderen Universum
-   in einem der anderen Universen sind auch die Schnecken, und vielleicht doch das Graviton

Schon wieder landen wir über diese lästige Gravitation beim Universum und seiner Entstehung:
Gravitation krümmt die Raumzeit, haben wir gelernt. Aber sind Raum und Zeit wirklich miteinander verbunden? Schon Wesley Crusher hatte einen Verdacht, als er sich mit dem Reisenden unterhielt.
Ein Loch tut sich auf. Es ist ein Schwarzes Loch. Also ein „Objekt", dessen Masse (-> Gravitation!) so groß ist, dass die Fluchtgeschwindigkeit von diesem Objekt schneller sein muss als das Licht. Hat ein Körper eine solche Masse, verdichtet sie sich stets weiter, saugt alles in sich auf, und nichts kann gemäß Relativitätstheorie wieder entweichen. Dann laut $E = mc^2$ ist ja nichts schneller als Licht. Aber warum verdampft ein Schwarzes Loch scheinbar, warum entweichen Gammastrahlen oder irgendwelche

Dingsbums-Teilchen aus einem Schwarzen Loch? Hmm, merkwürdig, diese müssten ja schneller als das Licht sein!

Wenn es so ist, dann ist nicht Energie = Masse x <u>Licht</u>geschwindigkeit ^{2}.

Der Bezugspunkt scheint falsch, es dürfte kein fixes „Licht" dort stehen, sondern nur eine Geschwindigkeit, keine Konstante, denn das Universum schwingt ja.

Vielleicht müsste die richtige Formel so lauten:

Energie = Masse x Dingsbums-Geschwindigkeit

Energie = Masse x Strings-Bums-Geschwindigkeit

Energie = … nein, auch wenn es an dieser Stelle verlockend ist, lassen wir hier bitte die Schnecken aus dem Spiel!

<u>Kommen wir zu den abschließenden Feststellungen der Strings-Bums-Theorie von Conny Lingus:</u>

1. Die Relativitätstheorie ist falsch. Da der Bezugspunkt „Lichtgeschwindigkeit" als konstante Obergrenze falsch ist, muss die relative Relativitätstheorie relativ betrachtet werden.

2. Da alle neuen Theorien auf der Relativitätstheorie beruhen, sind auch sie falsch.

3. Ein Schwarzes Loch staubsaugt alles in sich auf, bis es platzt. Dieses Platzen ist ein neuer Big Bang, ein regionaler Urknall. Ein neues Tochteruniversum innerhalb eines Universums. Diese Tochter gebiert neue Sterne und Planeten in einem ewigen Kreislauf.

4. Das Universum war schon immer da. Immer wieder gibt es Big Bangs. Es ist wie in einem Schaumbad, wo stets neue Seifenblasen platzen, und neue entstehen.

5. Das Universum bleibt auch da, bis das Graviton von seinem Ausflug zurückkommt. Die ausdehnende Kraft der Dunklen Materie verliert den Zweikampf gegen das Graviton. Das Universum verdichtet sich zu einem fiesen Schwarzen Loch, das den Stöpsel aus dem Schaumbad zieht. Unter dem Ausguss geschieht ein neuer Big Bang.

6. Das Graviton besteht aus „Flutschi-Teilchen", die es wieder zurück in eine andere Dimension bringen. Dies ist der Motor im Rad der Ewigkeit zwischen den Realitäten.

7. Das Universum besteht aus Galaxien, die aus Sternen bestehen, um die Planeten kreisen. Auf einigen dieser Planeten leben Lebewesen. Diese sind aus Atomen aufgebaut, um dessen Kerne Elektronen wie auf Planetenbahnen kreisen. Eine Widerspiegelung der Welt im Großen.

8. Das Universum ist ein komplexer Organismus, das zusammen mit anderen komplexen Organismen auf einem Planeten lebt, der um eine Sonne kreist, in einer Galaxie, in einem Universum.
9. Materie ist eine Illusion. Der Kosmos besteht einzig und allein aus Energie. Was aussieht wie Materie, ist nur eine verdichtete Ansammlung von Energie. Eine Tasse sieht nur aus wie eine Tasse. Wir mögen denken, aber wir sind nicht. Zumindest nicht das, was wir denken zu sein.

Unsere Gesamtvorstellung über das Wesen des Seins ist falsch: All we see or seem, is but a dream within a dream!

Die Physik steht also in ihren Forschungen noch ziemlich am Anfang, gewissermaßen auf der Suche nach den Schnecken!

Genmanipulation

Welchen Sinn macht die Genmanipulation? Welchen Sinn macht es, eine Frau mit fünf Brüsten zu erschaffen, solange es keine Männer mit fünf Händen gibt?

Stellen Sie sich vor, 20.000 andere Männer sind mit einer Frau verheiratet, die aussieht wie Ihre! Da diese Frauenklone identisch sind, hat Ihr Sohn womöglich bald 20.000 Halbbrüder und –Schwestern.

Zuerst gibt es Pflanzen, die sich gegen Schädlinge wehren, um nicht von ihnen gefressen zu werden. Später mutieren sie zu Pflanzen, die sich generell dagegen wehren, gefressen zu werden!

In Australien gibt es einen Klee, der Östrogene produziert. Dies wurde entdeckt, als Kühe plötzlich keinen Nachwuchs mehr bekamen. Mit genmanipuliertem Klee könnte man die Pille abschaffen. Oder das Gen dazu in Mais verpflanzen. Frauen müssten dann nicht mehr die Pille nehmen, sondern könnten täglich Tortillas frühstücken. Oder Erdbeermarmelade. Auch möglich mit Haselnüssen. Nutella, Ihr Frühstück zur Familienplanung! In der Kids-Version mit reduziertem Östrogengehalt, damit der Lausbub keine fünf Monstertitten bekommt.

Wünschenswert wären auch Monstererdbeeren mit einem Meter Durchmesser. Eine davon schnell im Erdbeerfeld abgeholt, und fertig sind 50 Erdbeertorten auf Vorrat.

Es wäre praktischer, wenn Kühen die Milch aus den Hörnern käme, denn man müsste sich nicht mehr bücken beim Melken. Besser noch wäre ein Milchbaum, für jedermann zu Hause im Garten. Dosenmilch kommt aus Bonsai-Bäumchen auf dem Balkon.

Können Kinder nicht gleich ausgewachsen auf die Welt kommen? Erspart Unsummen beim Schuhkauf. Biologisch gelöst durch Plazentabäume.

Sinnvoll wäre auch ein Autobaum. Es muss doch möglich sein, Bäume mit Rädern zu züchten!
Oder umgekehrt, Tiere mit Wurzeln, damit sie nicht ständig weglaufen. Das würde auch aufwändige Gehege im Zoo einsparen. Und sicher wäre so ein Löwenbaum zum Streicheln eine weltweite Attraktion.

In meinem Garten stehen bislang Tannen. Was wäre es für eine Bereicherung, statt dessen Giraffenbäume bewundern zu können.

Als Hecke zum Nachbarn würde ich eine Mischung aus Igelbaum und Stinktierbusch pflanzen. Ideal wäre auch ein Elefantenbaum, die Rüsselseite Richtung Garten, um ihn zu bewässern, das Heck zum Nachbarn. Oder einfach nur ein Hund, der 20 Meter gegen den Wind scheißt!

Abfallwirtschaft

Wunderbar, wie wir alle als Endverbraucher verarscht werden, und Milliardensummen auf Müllbergen verwalten!

Produkte werden nach Vorschriften hergestellt, die mittlerweile kein Mensch mehr überblicken kann. Es gibt verbotene Inhaltsstoffe, Zusatzstoffe, Richtlinien, Verordnungen, Erlasse, etc., die im Grunde jedes Produkt verbieten. In diversen Richtlinien, Verordnungen, Erlassen, etc., werden die Ausnahmen der Ausnahmen geregelt, damit ein Produkt letztlich doch verkauft werden darf.

Noch schlimmer ist dies zum Thema Verpackung. Mehrdimensionale Supergehirne haben das Kunststück vollbracht, uns mit Verpackungsverordnungen zu versorgen, die weltweit einmalig sind, weil sie wegen ihrer Komplexität unnachahmbar sind. Als typische deutsche Eigenart mit Ausnahmen und Hintertürchen, um diverse Löcher für diverse Interessen offen zu lassen. Warum ist der Saft in der Plastikflasche ohne Pfand, das Bier darin mit? Wäre Bier im Tetrapak dann ohne Pfand? Oder müsste es eine Unterscheidung in mit und ohne Kohlensäure geben?

Unseren Müll trennen wir sauber, damit er am Ende in nicht ausgelasteten Heizkraftwerken verbrannt wird.

Unseren Müll trennen wir sauber, weil es einst so beschlossen wurde. Heute wäre es technisch lösbar und effizienter, alles in einer Tonne zu sammeln, und die Trennung würde zentral erfolgen. Aber wohin dann mit den überschüssigen Müllautos?

Ist ein Gesetz erst einmal da, bleibt es für 50 Jahre, auch wenn Sinn und Zweck sich ins Gegenteil verkehren, siehe Ladenschlussgesetz. Was einst den Einzelhandel schützen sollte, schadete ihm mittlerweile. Danach dauerte es dutzender Ausschüsse, Arbeitsgruppen, Projektgruppen, Beschlüssen, etc., dieses Gesetz wieder aufzuheben. Rabattgesetz und Zugabeverordnung hatten bald 100 Jahre überstanden.

Haben Sie schon einmal darüber nachgedacht, dass der Mieterschutz dem Mieter schadet??
Es ist schön, eine weitreichende gesetzliche Sicherheit zu haben. Schön für den, der bereits eine Wohnung hat. Nicht so schön, für den, der eine Wohnung sucht. Denn nachdem das Gesetz dem Wohnungseigentümer

viele Risiken aufbürdet, wird er sich seine potentiellen Mieter sehr genau ansehen. Droht Nachwuchs? Droht ein Elternteil seine Arbeit aufzugeben? Nachwuchs ist besonders schlimm, denn eine junge Familie wird man ja nicht mehr los, auch wenn sie ein Jahr lang keine Miete bezahlt. Das Gesetz kann einen Vermieter in den Ruin treiben, der ohne Einfluss auf sein Eigentum tatenlos zusehen muss. Besser nicht vermieten.

Wäre der Mieterschutz weniger weitreichend, hätte dies folgenden Effekt: Es würden mehrere Wohnungen angeboten, die bereits heute zur freien Verfügung stünden, aber nicht am Mietmarkt angeboten werden, weil dem Vermieter die Risiken zu groß sind. Es würden mehr neue Wohnungen gebaut, da mehrere Anleger sich nun in diesen Markt wagen würden. Durch das Mehrangebot an Wohnungen würden die Mietpreise sinken, und es wäre generell kein Problem mehr, eine neue Wohnung zu finden. Ein derart weitreichender Mieterschutz wäre gar nicht mehr nötig Nebenbei würde auch der internationale Kapitalstrom nicht mehr an Deutschland vorbei fließen in Richtung Dubai. Durch Neubauten würde der Arbeitsmarkt belebt ...

Zurück zum Müll, den wir als Endverbraucher gleich dreimal bezahlen, und noch höheren versteckten Kosten:

Wir bezahlen die Verpackung gemäß bestimmter Vorschriften, und die Gebühr für den Grünen Punkt. Ich habe Fälle erlebt, in denen die Gebühr höher ausfiel als die Materialkosten der Verpackung. Dies fließt in den Kalkulationsfaktor des Handels ein, sprich es verdoppelt sich für uns.

Die zweite Zeche bezahlen wir im Supermarkt. Dort stehen Boxen für die Entsorgung von Verpackung, und Automaten zum Recycling von Plastikdosen. Dies bedeutet neben Handlingskosten auch entgangenen Platz für Verkaufsfläche, was in Form von Opportunitätskosten auf die verkaufte Ware umgelegt wird. Dazu kommt ein Promillesatz für Umverpackung (Umkartons, Palettenfolie), die wir als Endverbraucher nicht sehen. Dies wird vom Hersteller auf die Ware kalkuliert, und erhöht den Preis eines Produkts erneut um den Handelsfaktor zwei.

Das dritte Mal bezahlen wir die schön aufwändige, richtlinienkonforme Verpackung über unsere Mülltonnen.

Man könnte nun das vierte und fünfte Mal aufzählen, wenn wir Zuschüsse zur Entsorgung mit einbeziehen, und die Unsummen die für die Verwaltung und Umverteilung dieses ineffizienten Systems.

Nun kommen wir zu den versteckten Kosten der Müllwirtschaft, die sich insbesondere auf die Verwaltung beziehen. Ich behaupte, dass diese noch niemand im Wirtschafts- oder Umweltministerium bislang richtig wahrgenommen hat:

Wenn Sie Hersteller sind, und einen international tätigen Konzern beliefern, müssen Sie mit dem Auftrag, oft bereits mit dem Angebot, sämtliche Packdaten bekannt geben. Diese haben neben Intratstat (noch so eine Sinnlosigkeit, monatliche Meldung an das statistische Bundesamt über Warenverkehr innerhalb der EU) den Sinn, dass die Gebühren für die Verpackung berechnet werden können. Liefern Sie in diverse Länder, wird die Gebühr für den Grünen Punkt für die Lieferungen ins Ausland abgezogen. Es muss also alles errechnet, dokumentiert, und verwaltet werden. Verpackungen müssen über Jahre archiviert werden, damit alles schön nachvollziehbar bleibt. Unsummen verschwinden in der Verwaltung. Es bleibt noch zu erwähnen, dass der Handel alle Rechnungen dazu separat sammelt. Denn es wird darauf spekuliert, dass unsere Müllwirtschaft eines Tages doch als Handelsbeschränkung eingestuft wird. Damit wäre sie nach Welthandelsabkommen unzulässig. Dann würde zurückverwaltet und zurückbezahlt werden.

Unser gesamtes System ist in etwa so sinnvoll, als würden wir Pfand auf verzehrtes Essen zurück erhalten, wenn wir eine Stuhlprobe abgeben. Dies würde dann über Jahre archiviert, dokumentiert, verwaltet. Getrennt nach Inhaltsstoffen und Viskosität.

Am Besten, wir lassen diesen SCH …

Klimaschutz-Verordnung der EU

Rechtzeitig zum 01.April gibt die EU eine neue Richtlinie bekannt:

Meteorismus-Verordnung EU/RL/0815-2009

Ziel dieser Verordnung ist die Begrenzung von Emissionen zum Klimaschutz.
Die EU setzt in dieser Richtlinie Obergrenzen von Emissionen für jeden einzelnen EU-Bürger fest.

Der Bürger darf maximal pro Tag 0,015 mol emittieren.
In Restaurants und in öffentlichen Gebäuden herrschen reduzierte Emissionsgrenzen von 0,01 mol.
Die jährliche Obergrenze wird bei 5,475 mol pro EU-Bürger festgesetzt.
Da jeder Bürger statistische 8,5 Tage pro Jahr in Nicht-EU-Ländern verbringt, legt Brüssel die Obergrenze auf exakt 5 mol.
Liegt der Methangehalt >5%, kann das Tragen eines Katalysators angeordnet werden.
Die Lautstärke beim Emittieren darf 12 db nicht übersteigen.

Messstationen je Haushalt sollen die Einhaltung überwachen.
Weitere Messstationen werden in allen öffentlichen Gebäuden angebracht, Bahnhöfen, Supermärkten, Tankstellen, etc.

Mit der Gestaltung des Software-Programms für die technische Überwachung wurde Bill Gates beauftragt. Der Name für dieses neue Microsoft-Programm ist bereits bekannt: WINDBLOWS.

Es wird auch einen Handel mit Emissionsrechten geben.
Diese Rechte werden an der Börse platziert in Form von Optionsscheinen.
Jeder Bürger muss für seinen Jahresbedarf von 5 mol diese Rechte vorab erwerben.
Sozial Schwache können diese über das Arbeitsamt beziehen.
EU-Besucher können diese Rechte in Form einer Vignette an Flughäfen, Tankstellen, oder Bahnhöfen beziehen.
Diese Vignette, die bunte Schadstoffplakette, muss sichtbar getragen werden.

Erste Stimmen mit Kommentaren aus Wirtschaft und Politik wurden bereits bekannt:

Herr Stoiber:
„.. die Bürokraten in Brüssel produzieren doch nur heiße Luft!"

Die SPD hält diese Verordnung für sozial ungerecht. Wer über mehr Vermögen verfüge, würde mehr Nahrung zu sich nehmen, würde mehr emittieren, und müsse somit höher belastet werden.

Die CSU kritisiert die Schwächung des Wirtschaftsstandorts Deutschland. Insbesondere Hersteller von Fertiggerichten könnten ins Ausland abwandern. In diesem Zusammenhang wurde als Beispiel das Produkt „Texas Feuerzauber" genannt, ein beliebtes Bohnengericht.

Den Grünen geht die Verordnung nicht weit genug. Man hätte weiter denken müssen, zum Beispiel wären keine Haustiere berücksichtigt. Wer Zimmerpflanzen habe, hätte mit einem Bonus belohnt werden können.

Herr Lafontaine habe zwar keine Ahnung worum es geht, aber immer müsse der kleine Mann die Zeche bezahlen.

Auch aus dem Ausland sind erste Stimmen bekannt:

George Bush:
„Wo immer sich ein Meteorist aufhält, wir werden ihn finden!"

Bill Clinton:
„Ich habe zu keinem Zeitpunkt meteorisiert, und kannte jemals jemanden, der dies tat."

Die britische Zeitschrift „SUN" schrieb ihre Headline übersetzt mit:
„EU bestraft Krauts".
Der Rest der Titelseite bestand aus Aktfotos.

Die italienische Regierung zeigt sich erleichtert, da diese Verordnung keine Entsorgungsprobleme bereitet.

Herr Sarkozy hatte keine Zeit, Fragen der Journalisten zu beantworten, er musste seine Frau zu einem Stylisten für einen Modeltermin begleiten.

In den türkischen Medien fand sich die Frage. „Warum wollen wir in die EU?"

In den chinesischen Medien wurde von massiven Polizeieinsätzen gegen friedliche Demonstranten in Brüssel, Strasbourg, und weiteren europäischen Städten berichtet. Die EU stehe kurz vor dem Zusammenbruch, ausgelöst durch den Dalai Lama.

In einem kleinen Gallischen Dorf vernahm man den Kommentar: „Die spinnen, die Europäer."

126

ANHANG

Lösungsansatz zur Bankenkrise

Die Bankenkrise hat tiefe Wunden geschlagen. Wenn man heute die Filiale der Deutschen Bank vorne an der Ecke sucht, wird man dort einen Metzger finden. Wo es einst deutsches Geld gab, gibt es heute deutsches Fleisch.
Wo einst die Dresdner Bank war, gibt es heute Leipziger Allerlei. Aus der HypoVereinsbank wurde erst Unicredit, heute Nullcredit. In der ehemaligen Filiale sitzt heute Beate Uhse.

Wenn wir, bei egal welcher Bank, nach einem Darlehen oder auch nur nach einem einfachen Dispokredit fragen, reagiert der Kundenberater meist: „Oh …..! Ich hatte gehofft, Sie bringen uns Geld."

Der Zusammenbruch des globalen Bankensystems hätte sich ganz einfach vermeiden lassen. Banken hätten lediglich auf die Bedürfnisse ihrer Kunden eingehen müssen, idealer Weise auf grundlegende Bedürfnisse!

Nun also der Lösungsansatz zur aktuellen Bankenkrise, mit dem Thema:

„Aufbau und Abgrenzung strategischer Toilettenzonen als Marketinginstrument in filialisierten Großbanken"

1. Definition und Problemstellung:

Definition:

Unter strategischen Toilettenzonen versteht man günstig positionierte Räumlichkeiten zur Erledigung von liquiden und/oder mehr oder weniger festen Geschäften, dass eine akquisitorische Wirkung auf den Kundenstamm ausgeübt werden kann.

Problemstellung:

Aufgrund des Wandels vom Käufer- zum Verkäufermarkt, gestiegenen Kundenbedürfnissen, gesunkener Bankloyalität, wird es zunehmend schwieriger, Kunden langfristig an die Bank zu binden.
Hieraus kann man aus ertragsorientierter und wettbewerbspolitischer Sicht die Notwendigkeit ableiten, gezielt auf Kundenbedürfnisse

einzugehen. Dies bedeutet nicht nur eine organisatorische und produktpolitische Ausrichtung, sondern vor allem die systematische Bearbeitung grundlegender Bedürfnisse. Gemäß der Maslow´schen Bedürfnispyramide kommen dafür Essen, Trinken, und Schlafen in Betracht.

Das Grundbedürfnis nach Gaumen erfreuenden Einrichtungen muss bedauerlicherweise verworfen werden, da dies ein enormes Maß an Know-How erfordert und Führungskapazität bindet. Durch die Verbreitung unangenehmer Fettgerüche besteht darüber hinaus die Gefahr, gegen den Grundsatz „pecunia non olet" zu verstoßen.

Das Grundbedürfnis „Schlaf" zu befriedigen, bringt keinen umsatzfördernden Nutzen mit sich. Über das Thema „Beischlaf" zu diskutieren, sei laut gängiger Literatur irrelevant, da der Sexualtrieb lediglich ein Sekundärbedürfnis sei. Hier kann man natürlich auch anderer Meinung sein.
Die Einrichtung von Rotlicht-Ruhezonen muss ohnehin abgelehnt werden, da sie dem Image der Bank abträglich sein könnten. Moralapostel könnten darauf verweisen, dass sich Bankkunden maximal eine Stunde in der Bank aufhalten. Ebenso wäre es dem Kunden schwer zu vermitteln, warum sein Kundenberater oder der Filialleiter vorübergehend besetzt ist.

Keine Einwände moralischer Art oder Einschränkungen nach §3 KWG betreffen die Einrichtung von Problemerledigungszonen, bei denen der Kunde vertrauensvoll liquide und feste Mittel dauerhaft bei der Bank deponieren kann. Hier muss darauf geachtet werden, dass Nicht-Kunden ausgeschlossen werden können, insbesondere wenn die Filiale in der Innenstadt, womöglich in Bahnhofsnähe, platziert ist. Es bietet sich die Ausgabe von TAC´s (Toilet admittance cards) an.

Ein Problem besteht in der Nicht-Lagerfähigkeit der Produkte, so dass eine Ausrichtung der Kapazitäten an der Spitzenbelastung notwendig wird. Dies könnte auf Grundlage der Toilettenfrequentierungszyklushypothese ermittelt werden.

Im Rahmen der strategischen Planung muss das Kreditinstitut in einer Task Force, als Stabsstelle direkt dem Vorstand unterstellt, Anzahl und Ausstattung dieser Problemerledigungszonen festlegen. Auf Grund der Bedeutung und Komplexität dieser Problemstellung liegt es nahe, die Unterstützung einer Unternehmensberatung in Anspruch zu nehmen.

2. Organisation des Toilettenbetriebes:

In Anlehnung an gängige Literatur finden sich drei mögliche räumlich-organisatorische Varianten: Die 1er, 2er, oder 3er Lösung.

Unter der 1er Lösung versteht man die räumliche Zusammenfassung von Lokalitäten, wobei keinerlei Segmentierung nach Alter, Geschlecht, oder Bedeutung des Kunden vorgenommen wird. Hier steht primär der Kostenaspekt im Vordergrund. Produktpolitisch empfiehlt es sich, auf senkrecht an der Wand hängende Schüsseln zu verzichten, und standardgemäß alle Teilbereiche mit am Boden oder an der Rückwand befestigten Schüsseln auszustatten, um Kunden nicht das Gefühl einer differenzierten Behandlung zu geben. Bei der 1er Lösung entstehen allerdings Nachteile bei der Anbahnung des Geschäfts: Es verbleibt nur eine Anlaufstelle, die vor allem der männliche Kunde nicht gewohnt ist anzusteuern. Dies kann zu Überbelastung und Wartezeiten bei der Anbahnung von Routinegeschäften führen. Da die Zufriedenheit der Kunden unter diesen Umständen kaum gesichert ist, ist diese kostengünstige Variante nur für kleinere Filialen praktikabel.

Bei der 2er Lösung wird eine Segmentierung nach den Geschlechtern vorgenommen. Um die Entledigung liquider Mittel besonders bei männlichen Kunden voranzutreiben, sollten hier neben der traditionellen Toilettenorganisation mit Sitzgelegenheit, zusätzliche, oben bereits erwähnte senkrecht an der Wand hängende Schüsseln eingerichtet werden. Dies fördert den Absatz von Routineleistungen. Wichtig ist hier die Implementierung von kleinen Trennwänden, um die Anonymität dieser sensiblen Extremität zu wahren, und zur Vermeidung von gezieltem Cross Shiffing.
Um den anspruchsvollen Bedürfnissen des Feminismus zu begegnen, bedarf es aus technisch-organisatorischer Sicht einer weiteren Erforschung an Problemlösungen, da sich weibliche Kunden sonst gegenüber ihren männlichen Kollegen bei der Entledigung liquider Mittel benachteiligt fühlen könnten.

Die 3er Lösung bietet sich vor allem bei Geschäftsstellen an, die verstärkt das vermögende Privatkunden- und das Firmenkunden-geschäft betreiben:
Um dieses in Hinblick auf Qualität und Abwicklungsgeschwindigkeit verwöhnte Kundensegment adäquat zu bedienen, empfiehlt es sich, neben der oben geschilderten 2er Lösung ein VIP-Toilette-Separée mit

luxuriösester Ausstattung und fortgeschrittenster Technik in intimer Atmosphäre zu installieren. Schnell und bequem mit dem Lift zu erreichen, zudem mit online-Kontakt zum jeweiligen Kundenberater ausgestattet, erlaubt diese Variante dem anspruchsvollsten Kundensegment mit dem wohl größten Erfolgspotential eine unbürokratische und flexible Erledigung ihrer eiligsten Geschäfte.

Diskriminierend wirkt hier allerdings die Schaffung von Kunden 1. und 2. Klasse. Dies könnte dadurch gelöst werden, dass jede Anfrage nach einem Kredit einen Kunden automatisch in Klasse 2 klassifiziert.

3. Abschließende Wertung und Zukunftsausblick:

Die Ausführungen haben gezeigt, dass im Rahmen der Kundenorientierung die Einrichtung von Primärbedürfnis-Erledigungszonen unbedingt notwendig ist.

Für mehr Flexibilität sollte zumindest die 2er Lösung gewählt werden; Stabsstellen zur Koordination, Kontrolle und Koordination zur Unterstützung der Divisionen müssen geschaffen werden. Zur Erhaltung der Sauberkeit und Hygiene sollten in den jeweiligen Räumen Hinweistafeln angebracht werden. Das Personal muss mit Hilfe von Videoanalysen und Trainigscentern in Problemfälle und deren mögliche Lösungen eingewiesen werden.

Subsummierend muss angemerkt werden, dass durch oben genannte Maßnahmen zwar ein Wettbewerbsvorteil erreicht werden kann, aber auf Grund der hohen Nachahmungsgeschwindigkeit im Bankensektor dürfte dieser nur kurz anhalten. Gerade deshalb empfiehlt sich eine rasche und diskrete Umsetzung!

Die Zukunft wird vermehrten Einsatz von EDV und technischen Neuerungen bringen, so dass der Kunde Spuren beseitigende Tätigkeiten nicht mehr von Hand vornehmen muss. Dies ist auch notwendig, denn der Kunde will sich bei den Geschäften in seiner Bank nicht die Hände schmutzig machen!